L'Évangile, et l'Histoire

BGC LES BROCHURES DE LA
GOSPEL COALITION

SOUS LA DIRECTION DE **D. A. CARSON** ET **TIMOTHY KELLER**

L'Évangile,
et l'Histoire

BGC LES BROCHURES DE LA
GOSPEL COALITION

Volume
3

LA CRÉATION   ANDREW M. DAVIS

LE PÉCHÉ ET LA CHUTE   REDDIT ANDREWS III

LA JUSTIFICATION   PHILIP GRAHAM RYKEN

LA REDEMPTION ACCOMPLIE PAR LE CHRIST
SANDY L. WILSON

LA RESTAURATION FINALE   SAM STORMS

L'Évangile et l'Histoire

© 2013   Publications Chrétiennes inc.
       230, rue Lupien
       Trois-Rivières (Québec) G8T 6W4
et
© 2013   Éditions Clé
       2, Impasse Morel
       69003 Lyon, France

Édition originale en anglais :
Creation, Sin and the fall ; Justification ; Christ's redemption ; The restauration of all things
© 2011 par The Gospel Coalition
Publié par Crossway, a publishing ministry of Good News Publishers

Traduit et publié avec permission

Dépôt légal - 1er trimestre 2013

ISBN : 978-2-89082-170-5

Dépôt légal : Bibliothèque et Archives nationales du Québec
      Bibliothèque et Archives Canada

En Europe, ce livre est publié aux Éditions Clé
ISBN : 978-2-35843-021-0

Sauf indications contraires, toutes les citations bibliques sont tirées de la version revue 1979 Louis Segond de la Société Biblique de Genève

Table des matières

Préface

Deux amis, Don Carson, professeur de Nouveau Testament à la *Trinity Evangelical Divinity School* à Chicago, et Tim Keller, pasteur de la *Redeemer Presbyterian Church* à Manhattan, sont à l'origine d'une idée dynamique qui a traversé non seulement les frontières géographiques mais également les contours dénominationnels du christianisme évangélique. Cette idée a donné naissance à un mouvement appelé *The Gospel Coalition (TGC)*, qui représente aujourd'hui un réseau de pasteurs, de théologiens et de membres d'Églises qui partagent une même vision, énoncée dans les documents fondateurs (consultables sur www.seminaireevangile.com).

Ce mouvement regroupe des individus et ne cherche en aucun cas à se substituer aux unions d'Églises ou aux œuvres existantes. Il ne veut que promouvoir la centralité de l'Évangile avec ses implications pour la vie du croyant dans l'Église et la société.

Dans le même ordre d'idées, il nous a semblé utile de publier ces brochures rédigées par plusieurs membres du Conseil de

TGC ; elles expliquent et développent les documents fondateurs du mouvement.

Notre prière est que ces brochures puissent alimenter notre réflexion sur l'importance de la centralité de l'Évangile, et ainsi contribuer à l'affermissement et à l'édification de l'Église en francophonie.

– Mike Evans
Genève, novembre 2012

ANDREW M. DAVIS

a obtenu son doctorat en théologie au *Southern Baptist Theological Seminary*. Il est le pasteur principal de la *First Baptist Church* à Durham, en Caroline du Nord. En plus de son doctorat, il a aussi une maîtrise en théologie du *Gordon-Conwell Theological Seminary*. Il a exercé un ministère d'implantation d'Église au Japon entre 1994 et 1998.

La création

ANDREW M. DAVIS

Il n'existe dans l'univers que deux entités séparées par une distance infinie : le Créateur et la création. Seul Dieu n'a pas de commencement ; il existe par lui-même et n'a besoin de rien pour pérenniser son existence. Tout le reste dans l'univers a été créé par et pour Dieu. Dans ce chapitre, nous examinerons la doctrine de la création, pour en sonder la portée et en appliquer les vérités à notre vie.

L'ESSENCE DE LA CRÉATION : UNE RÉVÉLATION DE DIEU

Tout ce que nous connaissons de la création de l'univers nous a été communiqué par révélation divine. Nos deux grandes sources d'informations sont la nature qui nous entoure et l'Écriture sainte, qui nous en relate les détails d'une façon précise. Dès le commencement, Dieu a façonné un univers qui révèle son existence et sa nature profonde afin que nous le connaissions et l'adorions. Romains 1.20 déclare : « En effet, les perfections invisibles de Dieu, sa puissance éternelle et sa divinité, se voient comme à l'œil nu, depuis la création du monde, quand on les considère dans ses ouvrages ».

LE BUT DE LA CRÉATION : MANIFESTER LA GLOIRE DE DIEU

Dieu a créé l'univers pour manifester sa gloire ; non qu'il en éprouvait le besoin (Dieu n'a besoin de rien), mais parce qu'il désirait donner généreusement à partir de la splendeur de son être. Dans le livre de l'Apocalypse, les vingt-quatre anciens entourant le trône accomplissent le but de la création quand ils puisent dans celle-ci l'inspiration pour proclamer la gloire de Dieu : « Tu es digne, notre Seigneur et notre Dieu, de recevoir la gloire, l'honneur et la puissance ; car tu as créé toutes choses, et c'est par ta volonté qu'elles existent et qu'elles ont été créées » (Ap 4.11).

En créant l'univers, Dieu a répandu sa gloire dans toutes choses, de l'atome aux systèmes complexes, dans le cosmos comme sur la terre. Comme le dit le Psaume 19.2 : « Les cieux racontent la gloire de Dieu, et l'étendue manifeste l'œuvre de ses mains ». La création n'attend pas l'occasion de manifester la gloire de Dieu, elle le fait déjà aujourd'hui. Les séraphins volant autour du trône du Seigneur le proclament en permanence : « Saint, saint, saint est l'Éternel des armées ! toute la terre est pleine de sa gloire ! » (És 6.3).

LE BUT DE L'HUMANITÉ : CONNAÎTRE LA GLOIRE DE DIEU

La raison d'être de l'humanité (et de l'histoire de la rédemption) est annoncée dans une prophétie d'Habakuk : « Car la terre sera remplie de la connaissance de la gloire de l'Éternel, comme le fond de la mer par les eaux qui le couvrent » (Ha 2.14). Puisque la terre manifeste déjà la gloire de Dieu, il ne lui reste plus qu'à être remplie de la *connaissance* de cette gloire. Cette tâche ne peut être accomplie par l'air qui nous entoure, la beauté des cèdres du Liban, la hauteur des cimes de l'Himalaya, les aigles s'élançant vers le ciel ou la force majestueuse des élans. Même si tous ces éléments de la création *montrent* la gloire de Dieu, ils ne peuvent la *connaître*. La mission fondamentale de l'adoration a été confiée à la race humaine, créée à l'image de Dieu afin qu'elle découvre les manifestations visibles ou cachées de la gloire divine dans chaque aspect de la création.

Mais la tragédie incommensurable de la révolte d'Adam au jardin d'Éden est que le cœur humain, qui aurait dû faire de son Créateur ses délices, a préféré adorer la création (Ro 1.25). Alors que l'humanité a été féconde, s'est multipliée et a dans une large mesure rempli la planète de l'image de Dieu, le but originel du Créateur – une terre remplie de la connaissance de sa gloire – attend toujours son accomplissement.

Il n'y a dans tout l'univers qu'une force capable de transformer le cœur idolâtre de l'homme en le rendant sensible à la gloire de Dieu manifestée dans sa création : l'Évangile de Jésus-Christ. Cette « bonne nouvelle » transforme nos cœurs de pierre et les rend conscients de la gloire divine qui rayonne autour de nous. L'accomplissement de cette promesse extraordinaire et universelle se réalisera lors de l'avènement des nouveaux cieux et de la nouvelle terre, quand la gloire de Dieu illuminera chaque élément de la création et que les justes eux-mêmes « resplendiront comme le soleil dans le royaume de leur Père » (Mt 13.43).

UNE FORMATION THÉOLOGIQUE PERSONNELLE ET GÉNÉRALE

Notre formation théologique concernant l'existence de Dieu et ses attributs commence dès notre conception et se poursuit jour après jour, avant même que l'on apprenne à parler. Nous apprenons par le bruit des battements du cœur maternel, la douce chaleur qui nous enveloppe, les saveurs que nous percevons, l'éclair aveuglant de la lumière lors de notre naissance, l'éclat des couleurs autour de nous, le doux parfum de notre berceau et de nos langes. Dans Psaumes 22.10, David déclare : « Oui, tu m'as fait sortir du sein maternel, tu m'as mis en sûreté sur les mamelles de ma mère ». Alors que David n'était encore qu'un nouveau-né, Dieu lui apprit à se fier à sa mère pour ses besoins physiques. Il le préparait ainsi à se fier à lui pour le salut de son âme. De même, le monde physique qui a été créé nous prépare au salut par la foi.

Lorsque, enfant, nous marchons dans la splendeur d'une forêt d'automne, respirant profondément les senteurs musquées, le visage caressé par la douce brise du soir, le souffle coupé à la vue d'un vallon éclaboussé du rouge et de l'or des arbres qui attendent l'hiver, notre cœur est façonné pour voir la réalité essentielle de l'univers : le Dieu Tout-Puissant.

Un tel apprentissage n'est pas spécifique à une nation ou à une région du globe ; il est universel. Le Psaume 19.4-5 nous dit comment les cieux proclament la gloire de Dieu, dans un langage universel sans paroles : « Ce n'est pas un langage, ce ne sont pas des paroles dont le son ne soit point entendu : leur retentissement parcourt toute la terre, leurs accents vont aux extrémités du monde ». L'univers qui nous entoure est un cours privé de théologie pour les hommes du monde entier.

TOUTES CHOSES ONT ÉTÉ CRÉÉES PAR ET POUR CHRIST

Tout ce qui existe dans les cieux et sur la terre, visible et invisible, a été créé par et pour Christ :

> *Toutes choses ont été faites par elle [la Parole – Christ], et rien de ce qui a été fait n'a été fait sans elle* (Jn 1.3).

> *Le Fils est l'image du Dieu invisible, le premier-né de toute la création. Car en lui ont été créées toutes les choses qui sont dans les cieux et sur la terre, les visibles et les invisibles, trônes, dignités, dominations, autorités. Tout a été créé par lui et pour lui* (Col 1.15-16).

Dieu, dans ces derniers temps, nous a parlé par le Fils ; il l'a établi héritier de toutes choses ; par lui il a aussi créé l'univers (Hé 1.2).

D'une façon qui nous échappe, Dieu a parlé et l'univers a été créé à partir de rien ; et Christ était la parole par laquelle Dieu a exprimé cette puissante œuvre créatrice (Jn 1.3). L'univers a été créé *pour* Christ (Col 1.16) et Dieu l'a établi « héritier de toutes choses » (Hé 1.2). C'est pourquoi, aussi étonnant que cela puisse paraître, chaque atome du monde matériel et chaque entité du règne spirituel appartiennent de droit à Christ.

Plus surprenant encore, l'existence de l'univers créé par Dieu *dépend* en permanence de Christ : « Il [Christ] existait avant toutes choses, et c'est par lui qu'elles sont toutes maintenues à leur place » (Col 1.17 ; BFC). Ce verset dépeint un univers dépendant, qui cesserait d'exister si Christ arrêtait de le maintenir par l'exercice de sa volonté toute-puissante. De nombreux aspects de notre monde se prêtent à l'analyse et aux explications strictement scientifiques, et cela ne diminue en rien, d'un point de vue biblique, la souveraineté de Dieu sur chacun de ces éléments. Les écrivains bibliques connaissent le cycle de l'eau, mais la plupart du temps ils préfèrent écrire que c'est Dieu qui *envoie* la pluie, car les deux façons d'exprimer ce phénomène atmosphérique ne sont pas contradictoires. À cause de la pesanteur, un oiseau blessé finira par tomber, mais Jésus nous dit qu'aucun moineau ne chute sans la permission de son Père céleste. La physique moderne a identifié quatre forces fondamentales liant tous les éléments, mais cela ne nous empêche pas de reconnaître que Jésus maintient la cohésion de toutes choses par sa parole puissante.

LA MENACE DES EXPLICATIONS NATURALISTES

Après analyse, il n'y a que deux manières d'expliquer l'existence de l'Univers : sa création particulière par un être divin ou son évolution naturaliste guidée par des mécanismes impersonnels. Si l'on prend ces termes dans leur sens absolu, les deux positions s'excluent mutuellement. Cependant, les mots « création » ou « évolution » ne sont pas toujours utilisés de manière si radicalement opposée, ce qui complexifie encore le débat.

Selon la Bible, Dieu soutient que l'humanité pécheresse nie injustement la vérité, en dépit des preuves évidentes de l'existence et de la nature du Dieu invisible (Ro 1.18-19). En d'autres termes, nous nous acharnons consciemment à réfréner ce que nous considérons comme une vérité insupportable : l'existence d'un Créateur saint et tout-puissant à qui nous devrons éternellement rendre des comptes. Plutôt ironiquement, certains athées le reconnaissent parfois, à l'instar de Richard Dawkins qui écrit : « La biologie est l'étude de phénomènes complexes qui donnent l'apparence d'avoir été conçus dans un but précis[1] ». Autrement dit, il faut réprimer le besoin de remarquer que telle ou telle chose a été conçue dans un but intelligent !

Il faut savoir que les scientifiques comme les interprètes de la Bible sont loin d'être d'accord entre eux *dans leur domaine respectif*. En d'autres termes, chacun défend sa propre interprétation des données scientifiques et bibliques. Pour ajouter à la confusion, il n'est pas rare de voir des individus remplir ces deux fonctions, c'est-à-dire qu'ils sont à la fois scientifiques et exégètes. Ils ont alors beaucoup de mal à être toujours d'accord avec l'un ou l'autre de leurs homologues.

Prenons quelques exemples pour y voir plus clair. En ce qui concerne la Bible, certains chrétiens défendent la théorie de l'intervalle, qui sépare d'un temps indéterminé Genèse 1.1 et Genèse 1.2. D'autres sont partisans d'une interprétation concordiste, où chaque jour du premier chapitre de la Genèse représente un âge géologique. D'autres encore adhèrent à un créationnisme « jeune-terre », chaque jour durant littéralement une période de vingt-quatre heures, ce qui situe la création à dix mille ans tout au plus. D'autres enfin soutiennent une interprétation dite « littéraire » : chaque journée dure bien vingt-quatre heures, mais la semaine sert de procédé d'écriture dont la prétention n'est pas de nous renseigner sur la nature réelle des événements, mais plutôt de structurer le récit pour lui donner un sens symbolique ou théologique qui peut être compris de diverses façons.

Parmi ces interprétations, plusieurs sont compatibles avec ce que l'on appelle « l'évolutionnisme théiste », mais cette expression est elle-même plus qu'ambiguë. Pour certains, elle suppose une évolution indissociable des mécanismes naturalistes, à ceci près que Dieu supervise de loin son avancée (tout comme il règne providentiellement aujourd'hui sur le soleil et la pluie, ce qui nous permet de dire que c'est lui qui les envoie). D'autres pensent que l'évolution s'effectue par une sorte de sélection « naturelle » (sous contrôle divin), Dieu intervenant parfois miraculeusement pour provoquer des phénomènes qui n'auraient pu survenir naturellement (par exemple, Dieu a différencié qualitativement les humains du reste des primates pour en faire des êtres à son image, destinés à la vie éternelle).

À vrai dire, de nombreux croyants voient quelques-unes de ces interprétations comme allant trop loin et n'en retiennent qu'une ou deux. Ils soutiennent fréquemment, par exemple, qu'aucune raison *biblique* convaincante ne nous permet d'affirmer que le récit de Genèse 1 s'est étiré sur des milliards d'années. Les motifs pour lesquels des chrétiens adoptent une interprétation différente de ce texte sont extra-bibliques : les géologues et d'autres scientifiques nous présentent comme irréfutables les preuves que l'âge de la Terre se mesure en milliards d'années.

Cédant à ces arguments, quelques chrétiens revoient leur interprétation du premier chapitre de la Genèse pour s'adapter au courant scientifique du moment et adoptent des explications qui n'auraient jamais été « découvertes » dans le texte biblique si elles n'avaient été proclamées par la science. Selon leurs adversaires, une telle démarche assujettit la Bible et en pervertit le sens premier. Pourtant le problème n'est pas simple. Au IVe siècle de notre ère, bien avant l'avènement de la science moderne, Augustin considérait l'interprétation de Genèse 1 comme ardue, mais en raison d'arguments bibliques et théologiques qu'il pensait convaincants, pour lui la création de l'univers avait été instantanée.

Ainsi, il considérait que la semaine du premier chapitre des Écritures n'était qu'une composition littéraire regorgeant de symboles dont la finalité était de brosser un tableau de différentes vérités théologiques. Il en voulait pour preuve l'agencement du récit en l'une de nos semaines et l'établissement du sabbat. En d'autres termes, une forme d'interprétation littéraire a précédé l'apparition de la science moderne.

Bien qu'ils ne soient pas d'accord sur tous les points de détail, les responsables de la *Gospel Coalition* insistent sur les notions suivantes : seul Dieu existe par lui-même ; il a tout créé ; tout ce qu'il a créé est bon ; Adam et Ève étaient deux personnages historiques qui ont donné naissance à toute l'humanité ; le problème fondamental de l'homme vient de l'idolâtrie, de sa révolte et de la malédiction qui en découle. Les raisons pour lesquelles ces affirmations ne sont pas discutables s'appuient sur de nombreux passages bibliques, et pas seulement sur les premiers chapitres de la Genèse. Dans le livre des Actes par exemple, Paul dit : « Il [Dieu] a fait que tous les hommes, sortis d'un seul sang, habitent sur toute la surface de la terre » (Actes 17.26).

Que l'on se place du côté de la science ou de celui de l'interprétation biblique, il y a plus d'incertitude et de diversité d'opinions, au moins sur quelques-unes des questions, que ce qui est communément admis. Parmi les scientifiques, la grande majorité adhère à la théorie du Big Bang, par exemple. Cette théorie affirme que toute la matière de l'univers a été concentrée en une masse extrêmement compacte ayant explosé à un moment précis, à cause d'une singularité (un événement non gouverné par les lois connues de la physique) produisant, après une quinzaine de milliards d'années, l'univers tel que nous le connaissons. Cependant, une minorité de scientifiques reste sceptique. Encore plus important, il n'existe aucun consensus sur la manière dont cet amas d'une densité extrême a pu se former. Une théorie propose l'idée d'un univers alternant expansion et contraction, mais cela implique des spéculations si extravagantes qu'elle n'est pas beaucoup suivie.

Laissons de côté la question de l'origine de cette masse dense et tournons nos regards vers notre planète. Nous constatons que les théories sur le développement de la vie dans le cadre de l'évolution ont régulièrement été modifiées. La théorie fondée sur la découverte de fossiles possède tellement de chaînons manquants, dans la séquence des formes de transition qu'elle exige, que beaucoup adhèrent désormais à la proposition du dernier théoricien évolutionniste de Harvard, Stephen Jay Gould. Il propose, à la place d'une évolution régulière par sélection naturelle, de penser en termes « d'équilibre ponctué », c'est-à-dire d'une évolution qui intervient lors de poussées d'activité périodique si brèves qu'elles ne laissent pas de traces en termes de fossiles. De plus, en dépit des efforts les plus zélés de la recherche, l'évolution de la matière inorganique vers une cellule fonctionnelle et capable de se reproduire demeure remarquablement obscure dans la théorie du matérialisme philosophique.

Les débats récents sur le dessein intelligent[2] sont également très complexes. Depuis une vingtaine d'années environ, un petit groupe de scientifiques et de philosophes a soutenu qu'un grand nombre de structures biologiques se caractérise par une « complexité irréductible ». Ils entendent par là que pour le fonctionnement et le maintien de telles structures (l'œil par exemple), tellement d'évolutions simultanées sont nécessaires que, statistiquement, les chances que cela se produise sont pratiquement nulles. Les différents composants de la structure n'ont pu apparaître progressivement puisqu'ils n'ont aucune utilité en dehors de leur intégration et de leur fonctionnement dans la structure globale. Ces hommes de science et ces philosophes voient là la preuve d'un dessein intelligent.

Une majorité de scientifiques rétorquent que cette façon de penser rappelle la théorie surannée du « Dieu des lacunes » : chaque fois que la science échoue à expliquer un phénomène, l'homme en appelle à Dieu. L'effet pervers est que la science expliquant de plus en plus ces « lacunes », Dieu devient de plus en plus petit. Les partisans du dessein intelligent soutiennent que leur argumentation est entièrement différente : plus nous *perçons les mystères* de ces structures, plus il devient évident que pour expliquer ces structures, et même la science, on ne peut que prendre en compte le dessein intelligent.

Il devient de plus en plus clair que derrière cette discussion se cache un débat fondamental sur la nature même de la science. Certains conçoivent la science comme un ensemble de disciplines, de théories vérifiables, de processus reproductibles, de mesures et de conclusions qui nous permettent de comprendre chaque jour davantage la nature des phénomènes physiques. Ceux qui rejettent l'idée d'un dessein intelligent conçoivent également la science comme un ensemble de disciplines, de théories vérifiables, de processus reproductibles, de mesures et de conclusions qui nous permettent de comprendre chaque jour davantage la nature des phénomènes physiques. Mais, *plus que sur une base exclusivement matérialiste, ils raisonnent à partir de l'hypothèse selon laquelle de telles méthodes et de tels résultats ne sauraient démontrer l'existence de quoi que ce soit d'immatériel.*

En d'autres termes, cette approche de la science a déjà adopté le matérialisme philosophique. Dieu en est exclu par définition. Bien des scientifiques qui adhèrent à cette perspective ne sont pas des athées, bien entendu, mais ils pensent que ce que l'on peut connaître de Dieu n'a aucun lien avec le monde matériel, dont l'examen et les descriptions ne peuvent interférer avec d'autres domaines que la science seule.

L'ironie apparaît, bien sûr, lorsque de nombreux hommes de science, dont beaucoup se disent athées, discourent sur l'ordre et la beauté de la science et des nombres en des termes si élogieux qu'ils frisent parfois la ferveur religieuse. Relativement peu de scientifiques qui ont publié leurs travaux traitent leur sujet de manière froide, intéressés seulement par les statistiques sur la collision des molécules et des particules atomiques et subatomiques.

Ces considérations nous préparent à une lecture plus attentive des textes bibliques.

GENÈSE 1.1 : LE FONDEMENT

La première phrase de la Bible est le socle sur lequel repose toute la suite : « Au commencement, Dieu créa les cieux et la terre » (Ge 1.1). Nous y trouvons au moins trois vérités essentielles :

1. Dieu existait avant l'univers. Il était présent à son commencement et c'est lui qui est à l'origine de tout ce qui existe.
2. L'univers a eu un commencement. Il n'est donc ni éternel (comme le prétendent certains scientifiques) ni cyclique (comme l'enseignent certaines religions orientales).
3. Dieu a personnellement créé tous les éléments de l'univers. Rien de ce qui existe n'est le résultat de l'action de simples forces impersonnelles comme l'enseignent les évolutionnistes athées.

La doctrine de la création est le fondement sur lequel repose tout ce qui suit, chronologiquement et théologiquement, et l'histoire de la rédemption repose sur ses vérités.

LE DÉROULEMENT DE LA SEMAINE DE LA CRÉATION : GENÈSE 1

« La terre était informe et vide ; il y avait des ténèbres à la surface de l'abîme » (Ge 1.2). Cet univers nécessitait la poursuite de l'action divine pour atteindre la plénitude d'ordre et de splendeur. La suite du verset, « l'Esprit de Dieu se mouvait au-dessus des eaux », nous donne un premier aperçu du rôle porteur de vie de l'Esprit, rôle qui va se préciser progressivement au fil de la Bible.

Ensuite, Dieu prononce la formule du pouvoir souverain : « Dieu dit : Que la lumière soit ! Et la lumière fut » (Ge 1.3). Ce verset nous révèle la nature de la force fondamentale et de la puissance de Dieu dans l'univers : sa parole puissante. C'est par des mots que Dieu crée et c'est par des mots qu'il règne sur sa création. « Les cieux ont été faits par la parole de l'Éternel, et toute leur armée par le souffle de sa bouche » (Ps 33.6). Ensuite, Dieu rythme la vie terrestre en créant le cycle de ce qu'il appelle « jour » et « nuit » : « Ainsi, il y eut un soir, et il y eut un matin : ce fut le premier jour » (Ge 1.5). La succession des soirs et des matins et le décompte des jours tel qu'il est relaté dans le premier chapitre de la Genèse établissent le modèle sur lequel l'humanité se base encore aujourd'hui pour mesurer le temps.

La signification du mot « jour » est un des points sur lesquels se focalisent nos contemporains pour discuter de leur interprétation de Genèse 1. Bien que le mot hébreu *yōm* (« jour ») puisse faire référence à une longue période, telle qu'une époque historique, les acceptions les plus courantes, et de loin, désignent soit des durées de vingt-quatre heures, soit les phases diurnes par opposition aux phases nocturnes (« le jour et la nuit »). Dans le premier chapitre de la Genèse, la répétition régulière de la formule « Ainsi, il y eut un soir, et il y eut un matin : ce fut le premier (deuxième, troisième, etc.) jour » plaide certainement en faveur d'une durée ordinaire de vingt-quatre heures. Cette interprétation est confirmée par un autre texte : « Car en six jours l'Éternel a fait les cieux, la terre et la mer, et tout ce qui y est contenu, et il s'est reposé le septième jour : c'est pourquoi l'Éternel a béni le jour du repos et l'a sanctifié » (Ex 20.11). Bien sûr, si on adopte la théorie symbolique d'Augustin, ou une équivalente plus moderne, ces jours de Genèse 1 peuvent parfaitement être des périodes de vingt-quatre heures appartenant à une structure rhétorico-littéraire grâce à laquelle la création peut être interprétée.

Dans le texte, le principe de la séparation inhérent aux trois premiers jours de la création ressort clairement : la lumière est séparée des ténèbres, les eaux d'en haut séparées de celles d'en bas, la mer séparée de la terre ferme. Dieu a établi une limite apparemment fragile entre les puissantes vagues de l'océan et la terre ferme, comme peut en témoigner quiconque a jamais marché sur une plage. On trouve parfois des panneaux qui nous interdisent de circuler sur la plage pour éviter que la délicate flore des dunes ne soit piétinée et périsse. Les végétaux qui y poussent préviennent l'érosion du fragile littoral qui, à son tour, nous protège des effets dévastateurs des vagues. On retrouve ces mêmes idées dans le discours de Dieu à Job :

Qui a fermé la mer avec des portes,
Quand elle s'élança du sein maternel ;
Quand je fis de la nuée son vêtement,
Et de l'obscurité ses langes ;
Quand je lui imposai ma loi
Et que je lui mis des barrières et des portes ;
Quand je dis : Tu viendras jusqu'ici, tu n'iras pas au-delà ;
Ici s'arrêtera l'orgueil de tes flots ? (Job 38.8-11).

La terre ferme qui vient d'émerger constitue la toile vierge sur laquelle Dieu va peindre les merveilles de la vie. En quelques mots, il fait paraître un foisonnement végétal porteur des semences de chaque espèce. Les mots *semence* et *espèce* parlent de la structure génétique spécifique à chaque plante ainsi que de sa faculté de se reproduire et de se répandre sur la surface de la terre. Qui n'a jamais remarqué la majestueuse variété de la flore sur notre planète ? D'une parole, Dieu fait naître les séquoias géants, les délicates fougères, les orchidées parfumées et la beauté des fleurs sauvages. Il intègre chaque variété dont il orne le sol dans un système biologique complexe capable d'extraire les nutriments de la terre, de fixer le dioxyde de carbone de l'air et de capter l'énergie de la lumière solaire afin de vivre, de croître et de fournir la nourriture des animaux et des humains qui vont arriver.

Au quatrième jour de la création, Dieu projette sa gloire dans le cosmos. Bien qu'il ait créé la lumière au tout début, il décide de déléguer l'éclairage de la terre à ce qu'il a créé : le soleil, la lune et les étoiles. Tout ce que nous savons aujourd'hui de la lumière vient, en définitive, du soleil et des étoiles mais, dans le récit de la Genèse, ces derniers n'apparaissent que plus tard. Le soleil est une création extraordinaire, un déchaînement redoutable de puissance qui révélera, à l'humanité arrogante, l'idée de la transcendance divine.

L'humanité est incapable d'affecter le soleil d'une façon ou d'une autre, en bien comme en mal. Nous ne pouvons pas en augmenter ou en diminuer la luminosité, le volume, la distance ou la chaleur. Si nous décidions de le détruire, rien de ce que nous pourrions tenter ne saurait aboutir. Si nous chargions toutes nos armes thermonucléaires à bord de fusées balistiques pour les précipiter sur le soleil, elles ne l'atteindraient même pas ; elles s'évanouiraient en fumée des millions de kilomètres avant leur cible. La NASA prépare une sonde solaire qui ne pourra approcher à moins de 5 300 000 km de sa destination.

Le soleil brille inlassablement, sans la moindre diminution visible de son intensité ; sa lumière est si vive qu'il est impossible de le fixer sans en être aveuglé. Il glorifie Dieu par sa puissance et son éclat étourdissant, et pourtant il a été conçu dans le but d'être utile aux hommes, de briller dans le ciel « pour éclairer la terre » (Ge 1.17).

C'est toujours en pensant à l'humanité que Dieu a créé la lune mais, contrairement au soleil, elle ne fait que nous renvoyer la lumière qu'elle reçoit. Elle reflète l'éclat du soleil sur la terre, comme une métaphore de l'éclat de Christ dans les cieux qui se reflétera un jour sur les croyants. Vient ensuite cette remarque laconique : « il fit aussi les étoiles » (Ge 1.16). Les avancées récentes de la cosmologie, comme Hubble ce télescope spatial en orbite autour de la Terre qui nous envoie des images absolument stupéfiantes des galaxies, nous font prendre conscience de l'immensité de l'univers créé par Dieu.

Le cinquième jour, Dieu remplit les mers de créatures aquatiques et les cieux d'animaux ailés. Devant l'innombrable variété d'espèces de poissons et d'oiseaux, l'esprit est submergé par la gloire de Dieu. Les baleines sont ses plus volumineuses créatures, cependant il veille à nourrir chaque jour chacune d'elles de plus d'une tonne de plancton. Parmi les poissons tropicaux, certains sont particulièrement ravissants, combinant toutes les couleurs du spectre dans des motifs spectaculaires. D'autres (comme les brotulides à l'apparence grotesque) peuvent vivre à plus de 6 000 m de profondeur. Les oiseaux témoignent aussi de l'incroyable créativité de Dieu ; certains d'entre eux, comme l'aigle, utilisent les courants ascendants pour s'élever et ne battent que rarement des ailes tandis que d'autres, comme le colibri, frappent l'air au rythme de 80 fois par seconde. Le faucon pèlerin est l'animal le plus rapide de la nature, il peut atteindre 400 km/h en piqué.

Dieu bénit les oiseaux et les poissons, et leur commande de remplir les mers et les airs.

Le sixième jour, Dieu s'occupe de la terre émergée et crée les animaux terrestres, le bétail, les bêtes sauvages et les êtres rampants. La complexité et la variété de ces espèces nous montrent clairement la sagesse et la bonté de Dieu. Certaines de ces créatures sont terriblement puissantes, tel l'éléphant, capable de soulever trois cents kilos avec sa trompe ; d'autres sont minuscules et timorées, comme le daman qui habite sur les éperons rocheux et suce l'humidité des lichens poussant sur les falaises. C'est Dieu qui a créé le lion pour qu'il rugisse, la loutre pour qu'elle nage, l'hippopotame pour qu'il règne sur les fleuves africains et le guépard pour qu'il coure comme le vent.

LE CHEF-D'ŒUVRE DE LA CRÉATION : L'IMAGE DE DIEU

Le magnifique décor étant dressé (un univers achevé rempli de la providence bienveillante de Dieu), il est temps de passer au chef-d'œuvre de la création : les êtres humains (l'homme et la femme) créés à l'image de Dieu :

> *Puis Dieu dit : Faisons l'homme à notre image, selon notre ressemblance, et qu'il domine sur les poissons de la mer, sur les oiseaux du ciel, sur le bétail, sur toute la terre, et sur tous les reptiles qui rampent sur la terre. Dieu créa l'homme à son image, il le*

créa à l'image de Dieu, il créa l'homme et la femme
(Ge 1.26-27).

Les hommes sont des êtres uniques car Dieu les a créés à son image. Ils n'ont pas été créés pour être Dieu mais pour être l'image de Dieu. En quoi cette « image » consiste-t-elle ? L'humanité est à l'image de Dieu pour au moins deux raisons importantes : (1) *Notre nature.* Nous sommes semblables à Dieu par certaines de nos aptitudes (nous pouvons penser, raisonner, faire des projets, aimer, faire des choix, désirer, communiquer, etc.) et par certaines de nos qualités morales (justice, sainteté, pitié, compassion, sagesse, et d'autres encore). (2) *Notre position dans le monde.* Dieu a établi l'humanité pour dominer la planète (Ge 1.26, 28).

Lors de la création, Dieu établit également la différence entre les sexes. Il crée les humains, homme et femme, tous deux à son image de façon égale, chacun ayant pourtant des responsabilités et des rôles distincts, conformément au dessein divin. L'homosexualité et toute autre confusion des genres brouillent la distinction entre le masculin et le féminin. Originellement, Dieu voulait que cette différence soit bénéfique : il est bon pour un homme d'être un homme et pour une femme d'être une femme.

Dieu veut que l'humanité se multiplie, remplisse la terre de l'image divine et que cette multiplication découle de sa bénédiction personnelle. Lorsque Dieu bénit le mâle et la femelle de la race humaine (que Genèse 2 nous enseigne à appeler l'homme et la femme) des enfants naissent et l'image de Dieu se répand. Les enfants sont donc une bénédiction de Dieu et non la malédiction coûteuse et encombrante dont parlent certains égoïstes de notre société.

Les soins attentifs de Dieu envers l'humanité et envers tout le règne animal nous sont rapportés à la fin du récit de la création ; les plantes porteuses de semence et les arbres sont donnés aux hommes et l'herbe verte aux animaux. Ces détails illustrent de façon parfaite la providence souveraine pour que la vie se développe. Comme nous l'avons déjà dit, Dieu a créé un univers dépendant et il est grandement glorifié lorsque ses créatures ont besoin de lui. Dans Psaumes 104, l'auteur médite sur la bonté de Dieu qui pourvoit à la nourriture : « Tous ces animaux espèrent en toi, pour que tu leur donnes la nourriture en son temps. Tu la leur donnes, et ils la recueillent ; tu ouvres ta main, et ils se rassasient de biens » (Psaumes 104.27-28).

LA BONTÉ DE DIEU DÉMONTRÉE PAR UNE CRÉATION QUI EST BONNE

Dieu conclut le récit de la création par cette évaluation globale : « Dieu vit tout ce qu'il avait fait et voici, cela était très bon » (Ge 1.31). C'est une déclaration extrêmement importante car elle affirme que la matière est essentiellement bonne. Pour la philosophie grecque et la mystique orientale, le monde matériel en général et notre corps en particulier ne sont pas considérés comme bons. Mais Dieu déclare que tout ce qu'il a créé est bon. Plus important encore, sa création démontre que Dieu lui-même est bon.

Nous vivons dans un univers conçu avec amour et intelligence par un Dieu bon qui aime ce qu'il a fait. Nous habitons une planète préparée d'une façon unique pour héberger la vie humaine. Notre terre tourne autour du soleil à la vitesse de 107 000 km/h. C'est la vitesse nécessaire pour compenser l'attraction du soleil et maintenir la planète à la bonne distance pour que la vie s'épanouisse. C'est également par bonté que Dieu a incliné l'axe de la terre à 23,5 degrés par rapport au soleil, offrant ainsi un superbe cycle des saisons aux hémisphères. Si l'inclinaison atteignait 25 degrés, les étés deviendraient étouffants et les hivers beaucoup plus rigoureux, provoquant l'anéantissement de la flore. Ainsi, la vitesse et la position de la terre sont effectivement « très bonnes » pour les humains.

Dieu a également dosé l'atmosphère terrestre comme aucune autre planète de notre système solaire. Bien au-dessus de nos têtes, l'ozone bloque les radiations solaires potentiellement cancérigènes. L'atmosphère nous protège des météores ; chaque année, elle réduit en cendres jusqu'à 70 000 tonnes de débris venus de l'espace. Elle est constituée de 78 % d'azote et de 21 % d'oxygène, proportion idéale pour la vie sur terre. Sans oxygène, aucun organisme ne pourrait survivre ; par contre, si son taux atteignait disons 25 %, des incendies spontanés se déclareraient un peu partout et il serait presque impossible de les éteindre. L'azote, quant à lui, dilue non seulement l'oxygène de l'air, mais il constitue également un excellent engrais pour les végétaux. D'une manière surprenante, au cours des orages qui se déchaînent sur la planète, l'activité électrique combine l'azote et l'oxygène en composés indispensables à la flore, composés que la pluie incorpore ensuite au sol. Ainsi, l'atmosphère est « très bonne » pour la vie humaine.

Peu de temps avant sa mort en mai 1543, l'astronome polonais Nicolas Copernic publie son ouvrage majeur *Des révolutions des orbes célestes*. Il y démontre que le soleil, et non la terre, est le centre du système solaire. La science a démontré que ses assertions étaient exactes, scientifiquement parlant. Cependant, le premier chapitre de la Genèse fait ressortir un concept central qui ne peut être mis en doute par la Bible : la terre est le centre du plan de Dieu pour l'univers. Selon Genèse 1.14-18, les raisons pour lesquelles Dieu a créé le soleil, la lune et les étoiles sont *géocentriques* : éclairer la terre ; séparer le jour de la nuit ; marquer les saisons, les jours et les années. Ce point de vue de l'univers centré sur la terre est aussi revendiqué par le livre de l'Apocalypse, qui nous révèle qu'au jour où l'histoire terrestre atteindra son apogée, les étoiles tomberont du ciel comme les fruits d'un figuier secoué par un vent violent (Ap 6.13). La terre est la clé de voûte du plan divin pour l'univers.

LE REPOS DU SABBAT

Le récit des sept jours de la création dans la Genèse se termine sur le repos de Dieu qui observe le sabbat, établissant ce jour comme saint et béni (Ge 2.1-3). Il ne faut bien sûr pas comprendre que

Dieu a observé un jour de repos parce que son activité créatrice l'avait épuisé et qu'il avait besoin de reprendre des forces. Ésaïe 40.28 nous dit très clairement : « C'est le Dieu d'éternité, l'Éternel, qui a créé les extrémités de la terre ; il ne se fatigue point, il ne se lasse point ».

Nous ne devons pas non plus penser que Dieu a cessé de déverser son énergie dans l'univers qu'il a créé, car l'existence de cet univers dépend de lui chaque seconde. Au contraire, le sabbat divin repose sur deux idées : (1) il est un signe de son droit souverain sur l'univers, à la façon d'un roi qui traverse la salle du trône, monte sur l'estrade puis, se tournant face à la cour, prend solennellement place sur le siège royal pour régner. (2) Il est aussi une démonstration de sa bienveillance envers l'humanité, lui donnant une occasion d'entrer dans le repos divin dès maintenant, un jour sur sept, aussi bien que pour l'éternité au ciel par la foi en Christ (Hé 4.1-11).

LA CRÉATION PARTICULIÈRE DE L'HOMME : GENÈSE 2 ET SES DÉTAILS

Certains commentateurs ont fait face à des difficultés pour concilier les récits de la création de Genèse 1 et 2 ; cependant, comme l'a dit Charles Spurgeon à propos d'un autre problème théologique : « Je ne cherche jamais à réconcilier des amis ! » Le deuxième chapitre de la Genèse complète le premier de façon parfaite. Genèse 1 nous donne le récit global de la création du cosmos et met l'accent sur l'intention divine de créer l'humanité – mâle et femelle – à l'image de Dieu. Genèse 2 se concentre quant à lui sur certains détails indispensables de la formation du premier homme et de la première femme, ainsi que sur les desseins particuliers de Dieu à leur égard. Genèse 1 et 2 peuvent être comparés au plan d'une grande ville, qui contient un encart avec un gros plan du centre historique sur la même page.

UNE TERRE GLORIEUSE ET DÉPENDANTE ATTEND SON MAÎTRE ET GARDIEN

Genèse 2 nous dépeint une terre parée de la gloire de Dieu mais dépendante et dans l'attente de son maître et gardien. Bien que notre planète ait été déclarée « très bonne » dans le premier chapitre, cela ne signifie pas qu'elle ne puisse être développée et améliorée. C'est ainsi que le verset 5 de Genèse 2 parle de végétaux nécessitant culture et entretien par l'être humain pour atteindre leur plein développement. Où le premier homme aurait-il pu acquérir de telles compétences si ce n'est auprès de son Père céleste et de ses conseils directs ? Dieu avait bien l'intention de former Adam, sa créature, dans l'art de travailler la terre. Un remarquable passage d'Ésaïe 28 montre comment Dieu intervient directement dans la formation agricole de l'homme :

Celui qui laboure en vue des semailles le fait-il constamment ? Remue-t-il et bêche-t-il sans cesse son terrain ? Après avoir aplani la surface du sol, n'y disperse-t-il pas de la nigelle et ne sème-t-il pas du cumin ? Ne met-il pas le blé par rangées, l'orge à une place marquée et l'épeautre sur les bords ? Son Dieu lui a enseigné la règle à suivre, il l'a instruit : on n'écrase pas la nigelle avec le traîneau et la roue du chariot ne passe pas sur le cumin, mais on bat la nigelle avec un bâton et le cumin avec une baguette ; par contre, on doit écraser le blé pour en faire du pain, on ne le bat pas indéfiniment, et si l'on fait passer la roue du chariot et les chevaux dessus, il n'est pas écrasé. Cela aussi vient de l'Éternel, le maître de l'univers. Il distribue de merveilleux conseils et augmente les capacités de discernement.
(És 28.24-29 version Segond 21).

LE PREMIER HOMME CRÉÉ : UNE CRÉATURE VIVANTE

Genèse 2.7 rapporte l'épisode particulier de la création du premier homme à partir de la poussière de la terre : « L'Éternel Dieu forma l'homme de la poussière de la terre, il souffla dans ses narines un souffle de vie et l'homme devint une âme vivante ». Cela me rappelle une exposition du musée des sciences de Boston où l'on pouvait voir une silhouette humaine sur laquelle on avait disposé une série de récipients de tailles variées remplies de composants déshydratés. Cela représentait un corps humain après élimination totale de son eau (notre organisme est composé à 60 % d'eau) ; il ne restait plus qu'une poignée de composants chimiques et de minéraux, tous présents dans le sol de notre planète ! « Le premier homme, tiré de la terre, est terrestre » (1 Co 15.47) et, après la chute, Dieu déclare à Adam qu'il mourra et retournera à la terre, « d'où tu as été pris ; car tu es poussière, et tu retourneras dans la poussière » (Ge 3.19).

Pourtant, bien que terrestres, nous sommes ébahis en méditant sur la complexité de notre corps, formidablement et merveilleusement façonné par Dieu à partir de composants chimiques tirés de la terre (Ps 139.14). La génétique moderne nous apprend que si toutes les molécules d'ADN contenues dans les milliards de cellules d'un seul être humain étaient déployées et mises bout à bout, elles formeraient une chaîne de 15 à 30 milliards de kilomètres. Plus sidérante encore est la merveille du cerveau humain, l'organe le plus complexe que Dieu ait jamais créé, avec ses cent milliards de neurones (approximativement le nombre d'arbres de la forêt amazonienne) !

LES COMMANDEMENTS DIVINS PARTICULIERS

Bien que Dieu ait rempli le monde entier de sa gloire, le Seigneur avait spécialement préparé pour Adam et sa femme un endroit où ils pourraient commencer leur palpitante mission d'exploration et de développement. C'est « en Éden, du côté de l'orient » (Ge 2.8), que Dieu déposa l'humain qu'il avait formé. Le Seigneur avait doté le jardin d'Éden d'arbres fruitiers de toutes les espèces, agréables à la vue et délicieux au palais. Au centre trônait l'arbre de vie. Dans le jardin se trouvait aussi l'arbre de la connaissance du bien et du mal. Ces arbres occupaient une place centrale dans les commandements particuliers que Dieu se préparait à donner à Adam.

Genèse 2.10-14 mentionne quatre cours d'eau ayant leur origine dans le jardin d'Éden (et des découvertes archéologiques surprenantes continuent d'être faites concernant ces cours d'eau). Genèse 2.15 continue ainsi : « L'Éternel Dieu prit l'homme, et le plaça dans le jardin d'Éden pour le cultiver et pour le garder ». La racine des verbes hébreux « cultiver » et « garder », que l'on rencontre fréquemment dans l'Ancien Testament, contient l'idée de « servir » et de « protéger ». Adam était destiné à servir le jardin d'Éden par son travail, s'employant à en révéler tout le potentiel sous la tutelle de son Père céleste. Les herbes et les autres cultures mentionnées en Genèse 2.5 recevraient ainsi les soins nécessaires à leur croissance. Le deuxième commandement, celui de protéger, implique l'existence d'un danger imminent menaçant la beauté et la tranquillité du jardin. Ce péril est révélé dans le troisième chapitre lorsque Satan, sous la forme d'un serpent, vient tenter Ève et Adam pour les amener (ainsi que le jardin d'Éden) à la mort.

Après avoir placé Adam dans le jardin d'Éden, Dieu lui avait donné cet ordre clair : « Tu pourras manger de tous les arbres du jardin ; mais tu ne mangeras pas de l'arbre de la connaissance du bien et du mal, car le jour où tu en mangeras, tu mourras certainement » (Ge 2.16-17). Ici, Dieu impose une restriction à Adam. C'est une loi, un avertissement, une limite. Adam est investi de l'autorité sur la terre, mais il est lui-même soumis à l'autorité de Dieu.

LA CRÉATION D'ÈVE ET LE MARIAGE

Hommes et femmes, les humains ont été créés à l'image de Dieu et ont pour mission d'être féconds, de se multiplier et de remplir la terre (Ge 1.26-28). Cependant, à l'origine, Adam est seul, et il le demeure un temps. Bien que Dieu ait déclaré qu'il n'est pas bon qu'Adam demeure seul (Ge 2.18), ce n'est pas par hasard que Dieu l'a créé en premier, en le laissant seul pendant une courte période. Il voulait ainsi établir Adam comme chef de sa femme et montrer que le rôle de cette dernière est d'être « une aide semblable à lui » (Ge 2.18 ; voir 1 Co 11.2-16 ; Ép 5.22-33 ; 1 Ti 2.11-15).

Après qu'Adam a nommé les différents animaux (Ge 2.19-20), il apparaît qu'aucun ne peut constituer une aide semblable à lui. Seul, Adam ne peut être fécond, et il est privé d'une relation d'amour avec un autre être, qui conviendrait à un être créé à l'image de Dieu. C'est pourquoi Dieu provoque chez Adam un sommeil profond, prend l'une de ses côtes et en forme une femme. Puis, Dieu la conduit vers l'homme et la lui présente pour qu'elle devienne sa femme. Dans une envolée poétique, Adam exulte : « Voici cette fois celle qui est os de mes os et chair de ma chair ! on l'appellera femme, parce qu'elle a été prise de l'homme » (v. 23).

En la nommant, Adam montre l'autorité dont il est investi dans le mariage. Cependant, en reconnaissant qu'elle lui est foncièrement semblable, il montre qu'ils seront associés car créés à parts égales à l'image de Dieu. Telle est l'origine du mariage, la première des relations humaines de la Bible et le modèle de tous les mariages à venir. Nous avons là également une image de Christ et de l'Église (Ép 5.32). Avant qu'Adam et Ève ne pèchent contre Dieu, ils étaient si libres qu'ils « étaient tous deux nus, et ils n'en avaient point honte » (Ge 2.25). Ils n'avaient rien à cacher, contrairement à leur situation malheureuse qui a prévalu après que le péché les a mis sous sa domination.

UNE CHUTE TRAGIQUE POUR LA CRÉATION

La création que nous connaissons est bien différente du monde parfait d'Adam et Ève en Éden. Adam, l'ambassadeur de la race humaine, a failli à sa mission de *servir et protéger*, qu'il s'agisse de sa femme ou du jardin d'Éden. Il est resté sans rien faire pendant que Satan tentait son épouse, puis il l'a rejointe dans le mouvement de révolte en consommant du fruit de la connaissance du bien et du mal (Ge 3.1-7).

Dieu est venu en qualité de juge de toute la terre et a demandé des comptes à Adam d'abord, puis à Ève, et finalement au serpent. Il les a maudits chacun à tour de rôle. Par la malédiction d'Adam, la terre elle-même s'est retrouvée maudite : « Le sol sera maudit à cause de toi. C'est à force de peine que tu en tireras ta nourriture tous les jours de ta vie, il te produira des épines et des ronces, et tu mangeras de l'herbe des champs » (Ge 3.17-18).

Depuis, la création gémit sous l'esclavage de la corruption et de la vanité, et attend ardemment l'avènement glorieux du salut de l'humanité (Ro 8.18-22). Nous constatons quotidiennement les signes de ces gémissements, de cet esclavage, de cette corruption et de cette vanité, et nous-mêmes nous nous languissons du jour où la création sera délivrée et accédera à nouveau à la perfection et à la gloire.

LA NOUVELLE CRÉATION

L'Évangile de Jésus-Christ a libéré la puissance divine qui amènera le jour de cet achèvement. La résurrection de Christ a inauguré une ère nouvelle dans l'histoire de l'humanité. Le corps du Christ ressuscité, ce « corps spirituel », est le prototype du nouvel univers. Christ est « les prémices » de ceux qui sont morts (1 Co 15.20, 23). Au fur et à mesure que la bonne nouvelle de la mort rédemptrice de Christ et de sa glorieuse résurrection se propage dans le monde, des membres de la postérité pécheresse d'Adam se repentent, croient en Christ et trouvent en lui leur rédemption. Ils deviennent alors instantanément une « nouvelle création » spirituelle en Christ (2 Co 5.17) et aspirent dès lors à devenir également une nouvelle création physique.

Ainsi, les croyants comme l'univers gémissent intérieurement et sont dans l'attente de la rédemption finale, de la résurrection des corps (Ro 8.23). À la seconde venue de Christ, cette espérance profonde sera satisfaite et la création elle-même sera renouvelée. L'univers, spirituel et physique, passera lui aussi en quelque sorte par une résurrection comme nos corps, et il y aura à la fois continuité et différence. Ce nouvel univers porte un nom glorieux : « [les] nouveaux cieux et [la] nouvelle terre, où la justice habitera » (2 Pi 3.13).

APPLICATIONS DE LA DOCTRINE DE LA CRÉATION

La doctrine de la création devrait nous rendre sensibles aux merveilles de Dieu autour de nous et nous fournir une source inépuisable de louange et d'adoration envers lui. Nous devrions être débordants de gratitude envers Dieu pour la beauté de notre planète, pour ce que nous y voyons de sa bonté et de son amour, pour sa variété, pour ses richesses capables de combler tous nos besoins, malgré les signes de la malédiction qui l'affligent.

Non seulement la création tout entière manifeste la puissance de son Créateur, mais de plus nous devrions nous émerveiller, comme le dit David dans le Psaume 139, de ce que Dieu a personnellement tissé *notre* corps dans le sein maternel et de ce qu'il maintient continuellement *notre* existence. Nous devrions comprendre qu'en Dieu « nous avons la vie, le mouvement, et l'être » (Ac 17.28) et savoir qu'il tient dans le creux de sa main notre vie et toutes nos voies (Da 5.23). Tout cela devrait nous pousser à rechercher une intimité respectueuse avec Dieu, telle que David la décrit dans le Psaume 139 : « Sonde-moi, ô Dieu, et connais mon cœur ! » (v. 23).

Notre régénération ressemble à ce que Dieu a accompli au tout début de la création : « Car Dieu, qui a dit : La lumière brillera du sein des ténèbres ! a fait briller la lumière dans nos cœurs pour faire resplendir la connaissance de la gloire de Dieu sur la face de Christ » (2 Co 4.6). Ce verset montre clairement que Dieu effectue notre conversion d'une façon absolument souveraine. De même que, lors de la création, il s'est adressé au néant et à l'obscurité en s'exclamant : « Que la lumière soit », et qu'ainsi la lumière fut, Dieu a aussi fait retentir sa Parole dans le vide des ténèbres de notre cœur pour y faire jaillir une lumière spirituelle nouvelle : la lumière de Christ. Voilà ce qu'est la régénération et seul le Dieu souverain est capable de l'accomplir. Lorsqu'il choisit de le faire, aucune force dans l'univers ne peut l'arrêter !

Pour des parents désireux d'enseigner aux tout-petits les vérités de l'existence de Dieu et ses attributs, la création est le point de départ le plus simple et le plus clair. Les parents devraient constamment avoir à la bouche des paroles de louange et de gratitude envers le Créateur et devraient toujours rechercher les leçons spirituelles contenues dans les sujets évoqués plus haut pour communiquer l'Évangile à leurs enfants.

De nombreux livres de la Bible commencent leur présentation des vérités de l'Évangile par la doctrine de la création (par exemple, Genèse, Jean, Romains, Colossiens, Hébreux). Ces textes constituent une base pour communiquer avec un monde complètement ignorant des vérités bibliques. Dans notre désir d'apporter l'Évangile aux populations qui n'en ont pas eu connaissance, et ce jusqu'aux extrémités de la terre, le point de départ de notre proclamation ne peut être que la création. Ceci est également vrai pour notre propre culture, étant donné que de moins en moins d'Occidentaux connaissent les Écritures. De plus, le message de l'Évangile lui-même devrait toujours être étroitement lié à la création.

La terre nous a été confiée par son Créateur ; nous ne sommes que de simples gérants de la propriété d'autrui. Nous devrions donc respecter la terre créée par notre Père céleste et en prendre un soin attentionné. Nous devrions la *servir* et la *protéger*, chercher à en développer le potentiel devant Dieu, tout en nous gardant d'en faire un objet d'adoration.

Tout croyant désireux d'étudier la science devrait avant tout mener ses investigations dans un esprit d'adoration. Les scientifiques devraient considérer leurs recherches comme une tentative de comprendre les actions merveilleuses du Créateur. Ils devraient avoir pour ambition de mettre le fruit de leur travail à la disposition de leurs frères et sœurs dans un but d'adoration et pour le bien de l'humanité ; ils devraient veiller à ne jamais abandonner leur engagement à soutenir la véracité de la Bible lorsqu'ils découvrent de nouvelles vérités à propos de la création.

La Bible est la plus importante et la plus claire des révélations de Dieu aux hommes ; malgré cela, elle reste incompréhensible en dehors de la création qui nous entoure. Pour nous parler, la Bible emprunte le langage de notre monde, s'appuyant sur des images matérielles pour communiquer des vérités spirituelles. Jésus est coutumier du fait : « Considérez comment croissent les lis des champs » (Mt 6.28) ; « Le vent souffle où il veut, et tu en entends le bruit [...]. Il en est ainsi de tout homme qui est né de l'Esprit » (Jn 3.8) ; « Le royaume des cieux est semblable à du levain qu'une femme a pris et mis dans trois mesures de farine, jusqu'à ce que toute la pâte soit levée » (Mt 13.33).

En vivant au quotidien dans ce monde maudit par le péché, nous pouvons facilement nous laisser gagner par la lassitude et le découragement. Le Psaume 23 dit : « Il restaure mon âme » (v. 3). Pour restaurer notre âme, Dieu utilise souvent le pouvoir ressourçant de sa création. Faites des sorties dans la nature une part de votre marche avec Christ. Promenez-vous sur la plage et laissez-vous bercer par le bruit des vagues. Gravissez une montagne et regardez le vol des aigles qui se laissent porter par les courants ascendants. Allez visiter le Grand Canyon du Colorado et laissez-vous bouleverser par la richesse de ses couleurs et la majesté du paysage. Laissez la création de Dieu rafraîchir votre âme.

Romains 8 parle de l'espérance chrétienne de la résurrection du corps et, par voie de conséquence, celle de l'univers. Vivez dans l'espérance ardente de la nouvelle création à venir. Aspirez-y, appelez-la de vos prières, vivez pour elle et hâtez-en la venue en évangélisant ceux qui sont perdus.

NOTES

1. Richard Dawkins, *L'horloger aveugle*, Éditions R. Laffont, 1989.
2. NDE : Cette approche est mieux connue sous l'appellation anglo-saxonne *intelligent design*.

REDDIT ANDREWS III

(Maîtrise en théologie, *Trinity Evangelical Divinity School*) est pasteur principal de l'Église presbytérienne de Soaring Oaks, à Elk Grove en Californie, et professeur auxiliaire en théologie pastorale au *City Seminary*, à Sacramento.

Le péché et la chute

REDDIT ANDREWS III

Quelque chose est sérieusement perverti dans le monde, et notamment chez les êtres humains. Des gens de toutes sensibilités, religieux ou non, s'accordent sur ce point. L'homme moderne a, par exemple, réalisé de grands progrès technologiques et médicaux, mais il a aussi causé énormément de dommages. Le nombre de morts, par la guerre ou l'oppression, s'élève à 188 millions pour le seul XXᵉ siècle.[1] Et nombreux sont ceux qui ont été violés, mutilés, ou torturés avant de mourir. Christopher Wright rapporte que :

> Le monde a été horrifié par les attentats du 11 septembre 2001 visant les tours jumelles du World Trade Center à New York, faisant près de trois mille victimes. L'Afrique subit l'équivalent de deux 9/11 chaque jour [...]. Le tsunami dans l'océan Indien en décembre 2004 a emporté 300 000 personnes en une seule journée. Le SIDA fait chaque mois autant de victimes en Afrique que ce tsunami.[2]

Qu'est-ce qui ne va pas au juste chez les êtres humains ?

COMPRENDRE LA CONDITION HUMAINE

Plusieurs personnes – dont certaines font autorité dans les domaines de la science, de l'éducation, de la politique et de la religion – analysent la condition humaine en présupposant que la théorie du naturalisme évolutionniste est juste. Selon cette théorie, le mal fait partie intégrante de la trame de l'histoire de l'homme. Prenons pour exemple ce que Paul Ricœur, un philosophe français, a écrit :

> Mais, du même coup, nous pressentons que le mal lui-même fait partie de l'économie de la surabondance [...]. Il faut donc avoir le courage d'incorporer le mal à l'épopée de l'espérance ; d'une manière que nous ne savons pas, le mal lui-même coopère à l'avance du Royaume de Dieu [...]. La foi donne finalement raison à l'homme de l'Aufklärung pour qui dans le grand roman de la culture, le mal fait partie de l'éducation du genre humain, plutôt qu'au puritain ; car celui-ci n'arrive jamais à franchir le pas qui mène de la condamnation à la miséricorde[3].

L'islam, d'une certaine manière, voit aussi le mal comme faisant naturellement et inéluctablement partie de l'évolution de l'humanité, comme l'explique Nomanul Haq :

> Ainsi, le départ de l'homme du jardin d'Éden était [...] comparable à une naissance naturelle – un bébé sortant du sein de sa mère, un oiseau brisant sa coquille, un bourgeon poussant sur une branche. En effet, Adam, tout comme l'ensemble de la nature, a dû évoluer moralement, spirituellement et intellectuellement – comme un bébé devient adulte et comme une graine devient un arbre imposant[4].

L'homme n'a donc nul besoin de se rétablir de la chute pour regagner son état originel de gloire selon l'Islam, il doit plutôt obéir à un ensemble de règles que Dieu a consignées dans le Coran.

Le christianisme, lui, étudie particulièrement la condition humaine. Il examine le mal à la lumière de deux aspects intimement liés : le péché et la chute. Le mal existe à cause du péché, et le péché existe à cause de la chute qui a eu lieu au début de l'histoire humaine. Dans son excellent traité sur le péché originel, Jonathan Edwards soutient que le péché d'Adam a introduit le mal dans le monde :

> J'accorde une grande importance à cette doctrine, dont chacun reconnaîtra sûrement la pertinence. Car, s'il est vrai que toute l'humanité est, par nature, complètement pervertie, aussi bien par le mal moral qu'elle subit que par la souffrance à laquelle elle est exposée, l'un est la conséquence et la punition de l'autre ; dans ce cas, nul doute, la doctrine de la rédemption doit le présupposer ; et toute foi véritable, ou toute réelle connaissance de l'Évangile, doit se fonder sur celle-ci.[5]

Blaise Pascal a écrit :

> Chose étonnante, cependant, que le mystère le plus éloigné de notre connaissance, qui est celui de la transmission du péché, soit une chose sans laquelle nous ne pouvons avoir aucune connaissance de nous-mêmes !
>
> Car il est sans doute qu'il n'y a rien qui choque plus notre raison que de dire que le péché du premier homme ait rendu coupables ceux qui, étant si éloignés de cette source, semblent incapables d'y participer. Cette transmission ne nous paraît pas seulement impossible, elle nous semble même très injuste ; car qu'y a-t-il de plus contraire aux règles de notre misérable justice que de damner éternellement un

enfant incapable de volonté, pour un péché où il paraît avoir si peu de part, qu'il est commis six mille ans avant qu'il fût né ? Certainement rien ne nous heurte plus rudement que cette doctrine ; et cependant, sans ce mystère, le plus incompréhensible de tous, nous sommes incompréhensibles à nous-mêmes. Le nœud de notre condition prend ses replis et ses tours dans cet abîme, de sorte que l'homme est plus inconcevable sans ce mystère que ce mystère n'est inconcevable à l'homme[6].

Seul le christianisme explique de manière appropriée la condition humaine. Le mal existe à cause du péché, et le péché existe à cause de la chute. Le péché n'a pas pris naissance sur la terre, mais au ciel-même.

Le péché n'est pas apparu en premier lieu sur la terre, mais au ciel, dans la présence immédiate de Dieu, au pied de son trône. La pensée, le désir, et la volonté de résister à Dieu ont d'abord grandi dans le cœur des anges[7].

LE PÉCHÉ FAIT SON ENTRÉE

« Au commencement, Dieu créa les cieux et la terre » (Ge 1.1). Alors les anges ont entonné un chant joyeux : « Sur quoi ses bases sont-elles appuyées ? Ou qui en a posé la pierre angulaire, alors que les étoiles du matin éclataient en chants d'allégresse, et que tous les fils de Dieu poussaient des cris de joie ? » (Job 38.6-7.) Après avoir créé l'univers : « Dieu vit tout ce qu'il avait fait et voici, cela était très bon. Ainsi, il y eut un soir, et il y eut un matin: ce fut le sixième jour » (Ge 1.31). Plus tard, les anges ont péché et ont été précipités dans les abîmes de ténèbres (2 Pi 2.4 ; Jud 1.6). Adam, considéré en parallèle avec Christ (Ro 5.12-19 ; 1 Co 15.22, 45-49), représente la race humaine.

L'Éternel Dieu donna cet ordre à l'homme: Tu pourras manger de tous les arbres du jardin; mais tu ne mangeras pas de l'arbre de la connaissance du bien et du mal, car le jour où tu en mangeras, tu mourras certainement (Ge 2.16-17).

Le péché est entré dans le monde quand Adam et Ève ont désobéi à Dieu en mangeant du fruit défendu.

C'est pourquoi, comme par un seul homme le péché est entré dans le monde, et par le péché la mort, et qu'ainsi la mort s'est étendue sur tous les hommes, parce que tous ont péché – car jusqu'à la loi le péché était dans le monde. Or, le péché n'est pas imputé, quand il n'y a point de loi. Cependant la mort a régné depuis Adam jusqu'à Moïse, même sur ceux qui n'avaient pas péché par une transgression semblable à celle d'Adam, lequel est la figure de celui qui devait venir (Ro 5.12-14).

Satan a atteint Adam par le biais de son épouse, Ève.

La femme vit que l'arbre était bon à manger et agréable à la vue, et qu'il était précieux pour ouvrir l'intelligence; elle prit de son fruit, et en mangea; elle en donna aussi à son mari, qui était auprès d'elle, et il en mangea. Les yeux de l'un et de l'autre s'ouvrirent, ils connurent qu'ils étaient nus (Ge 3.6-7a).

LA JUSTICE ORIGINELLE

Dieu a créé Adam juste. On peut dire qu'il possédait la justice originelle. Ce fut une période d'essai durant laquelle Adam et Ève ont été soumis à la tentation et y ont succombé. Ils pouvaient ne pas pécher et ils pouvaient aussi pécher.

> Dieu a donné à l'homme le pouvoir de faire des choix contraires. L'homme, de sa propre volonté, sans contrainte ou décision extérieure, a utilisé ce pouvoir pour commettre le péché. Rien dans sa condition physique, dans sa nature morale, ou même dans son environnement ne l'obligeait à pécher. Ce fut une décision volontaire qui a pris naissance dans son esprit. Pour citer Laidlaw : « C'est venu d'une suggestion externe, à la suite d'un événement extérieur, mais ce fut, bel et bien, une crise intérieure[8] ».

La tentation d'Adam était légitime, mais sa reddition ne l'était pas. Dieu lui avait accordé de dominer sur la terre, il lui avait donné une femme à son image et Adam était en communion avec Dieu lui-même. Dieu avait placé toute la création sous la domination d'Adam – à l'exception d'un seul arbre. Les bienfaits de Dieu étaient exceptionnels, et les dangers liés au fruit défendu l'étaient également.

LE MAL ET LA VOLONTÉ DE DIEU

Dans sa souveraineté, Dieu a décrété que le péché entrerait dans le monde, pourtant le péché d'Adam lui est imputé car il a péché librement.

> De toute éternité et selon le très sage et saint conseil de sa propre volonté, Dieu a librement et immuablement ordonné tout ce qui arrive ; de telle manière, cependant, que Dieu n'est pas l'auteur du péché, qu'il ne fait pas violence à la volonté des créatures, et que leur liberté

ou la contingence des causes secondes sont bien plutôt établies qu'exclues (Confession de foi de Westminster 3.1).

Beaucoup se demandent si Dieu a été sage et juste de décréter le mal. Dieu, qui est saint et n'est pas l'auteur du mal, n'a pas simplement « permis » le péché. Il a décrété son existence, il ne l'a pas seulement autorisée. Croire que Dieu a simplement permis le péché n'apporte aucune réponse capable de diminuer la tension qui provient de l'affirmation qu'il l'a décrété car, dans les deux cas, Dieu ordonne l'apparition du mal. Bavinck fait observer :

> Dieu n'a craint ni l'existence ni la puissance du péché et du mal. Il l'a voulu ainsi pour qu'à travers ceux-ci il puisse révéler ses attributs divins. S'il ne leur avait pas permis d'exister, il serait logique de penser que Dieu n'est pas, dans tous ses attributs, supérieur à une puissance dont la possibilité était inhérente à la création elle-même. Car il est possible pour toutes les créatures rationnelles de renier Dieu, parce qu'elles ne sont que des créatures limitées et changeantes. Et Dieu, parce qu'il est Dieu, n'a jamais craint la liberté, l'existence du péché, l'apparition de la méchanceté, ou le pouvoir de Satan. Depuis l'origine du péché et tout au long de son développement, Dieu a toujours exercé son pouvoir sur lui. Il ne l'impose pas et ne lui fait pas obstacle avec violence, il lui permet plutôt d'atteindre son plein potentiel. Il est Roi, et pourtant il donne au péché un libre accès à son royaume. Il lui permet de toucher à tout – à son monde, à ses créatures et même à son Oint, car le mal ne peut pas exister sans le bien. Il lui permet de toucher à tout ce qui lui appartient ; il lui accorde la possibilité de montrer ce qu'il sait faire, de sorte qu'à la fin, Dieu pourra quitter le champ de bataille en Roi des rois. Car le péché, par nature, se détruit lui-même par la liberté qui lui est accordée;

il meurt de ses propres afflictions ; il se condamne lui-même à la mort. Au sommet de sa puissance, il apparaît, par la croix seule, publiquement dans son impuissance (Col 2.15)[9].

LE PÉCHÉ ORIGINEL ET SES CONSÉQUENCES

Le péché d'Adam entraîne de lourdes conséquences qui nous affectent tous.

Le péché est anarchie et entraîne un jugement

Pécher, c'est transgresser la loi de Dieu, roi du ciel et de la terre.

Quiconque pratique le péché transgresse la loi, et le péché est la transgression de la loi (1 Jn 3.4).

L'Éternel Dieu donna cet ordre à l'homme : Tu pourras manger de tous les arbres du jardin ; mais tu ne mangeras pas de l'arbre de la connaissance du bien et du mal, car le jour où tu en mangeras, tu mourras certainement (Ge 2.16-17).

En réponse à la rébellion d'Adam, Dieu a maudit l'homme et le monde (Ge 3.16-19). La mort physique et spirituelle s'installe. Le regard tourné vers la rédemption parfaite de l'ordre créé, Dieu a maudit le monde : « Car la création a été soumise à la vanité – non de son gré, mais à cause de celui qui l'y a soumise – avec l'espérance qu'elle aussi sera affranchie de la servitude de la corruption, pour avoir part à la liberté de la gloire des enfants de Dieu » (Ro 8.20-21). Voilà qui explique les cataclysmes naturels car, sans la chute, il n'y aurait ni tremblements de terre, ni tornades, ni inondations, ni ouragans.

Le péché nous éloigne de Dieu

Le péché d'Adam a rompu sa communion avec Dieu. Un péché individuel peut paraître anodin aux yeux des hommes, mais non aux yeux d'un Dieu saint : « Tes yeux sont trop purs pour voir le mal, et tu ne peux pas regarder l'iniquité » (Ha 1.13). « C'est ainsi qu'il chassa Adam ; et il mit à l'orient du jardin d'Éden les chérubins qui agitent une épée flamboyante, pour garder le chemin de l'arbre de vie » (Ge 3.24).

Les êtres humains sont ennemis de Dieu, mais lorsque Jésus régénère quelqu'un, il le réconcilie avec Dieu : « Car Dieu était en Christ, réconciliant le monde avec lui-même en n'imputant point aux hommes leurs offenses, et il a mis en nous la parole de la réconciliation » (2 Co 5.19). « Car si, lorsque nous étions ennemis, nous avons été réconciliés avec Dieu par la mort de son Fils, à plus forte raison, étant réconciliés, serons-nous sauvés par sa vie » (Ro 5.10).

Le péché est universel

C'est pourquoi, comme par un seul homme le péché est entré dans le monde, et par le péché la mort, et qu'ainsi la mort s'est étendue sur tous les hommes, parce que tous ont péché [...]. Ainsi donc, comme par une seule offense la condamnation a atteint tous les hommes, de même par un seul acte de justice la justification qui donne la vie s'étend à tous les hommes. Car, comme par la désobéissance d'un seul homme beaucoup ont été rendus pécheurs, de même par l'obéissance d'un seul beaucoup seront rendus justes (Ro 5.12, 18-19).

Car, puisque la mort est venue par un homme, c'est aussi par un homme qu'est venue la résurrection des morts. Et comme tous meurent en Adam, de même aussi tous revivront en Christ (1 Co 15.21-22).

Christ et Adam incarnent des rôles représentatifs qui, d'une certaine manière, peuvent être mis en parallèle.

Les chrétiens ne sont pas tous du même avis pour expliquer comment la culpabilité et la corruption d'Adam ont été transmises aux hommes. Certains pensent qu'il nous est impossible de le comprendre. D'autres croient qu'Adam est lié physiquement à tous les hommes, présents en Adam lorsqu'il a péché (voir Hé 7.9-10). Dire qu'Adam est le représentant universel de l'humanité est l'argument le plus convaincant[10]. Son péché a été imputé à toute sa postérité.

Le péché est dépravation

Le péché envahit et corrompt entièrement les êtres humains. Certains appellent cela une « dépravation totale », expression souvent mal comprise. Cela ne signifie pas que les gens ont poussé la méchanceté à son paroxysme ou qu'ils sont incapables de faire le bien. Cela signifie que le péché affecte l'être dans son intégralité : « Tous les hommes sont éloignés de Dieu, corrompus dans tous les aspects de leur être (le corps, l'intellect, la volonté, l'émotivité, l'aspect spirituel)[11] ».

Quand Adam et Ève ont péché, ils ont immédiatement connu la honte et ont cherché à couvrir leur nudité. Ils se sont aussi sentis coupables, puisqu'ils sont allés se cacher. Ils ne s'étaient jamais sentis ainsi auparavant, mais maintenant ils ne pourront plus se débarrasser de la culpabilité, de la honte et de la corruption (voir Ge 3.8-13). Satan leur avait promis la connaissance du bien et du mal, mais il ne leur avait pas dit qu'ils seraient incapables de la supporter. Bavinck écrit :

> La science moderne stipule que la maladie ne relève pas d'une substance particulière mais plutôt du fait d'un changement des conditions de vie. Si bien qu'en

fait, les lois de la vie demeurent les mêmes que dans un corps sain, mais l'activité normale des organes et des fonctions de cette vie est perturbée. Même chez un cadavre, l'activité se poursuit mais elle conduit à la destruction et à la désintégration. Dans le même ordre d'idée, le péché n'est pas une substance en tant que telle, mais une sorte de perturbation de tous les dons et de toutes les énergies donnés aux hommes, qui les oriente dans une autre direction, qui ne les rapproche pas de Dieu mais les en éloigne. La raison, la volonté, les intérêts, les émotions, les passions, les capacités psychologiques et physiques de toutes sortes – qui étaient précédemment des armes de justice – , sont devenus, par l'opération mystérieuse du péché, des armes d'injustice. L'image de Dieu telle qu'elle fut reçue par l'homme au moment de sa création n'était pas une substance mais elle faisait à ce point partie intégrante de sa nature que, lorsqu'il l'a perdue, il en est devenu totalement difforme et faussé[12].

« Le cœur est tortueux par-dessus tout, et il est méchant : qui peut le connaître ? » (Jé 17.9.) « Ils ont l'intelligence obscurcie, ils sont étrangers à la vie de Dieu, à cause de l'ignorance qui est en eux, à cause de l'endurcissement de leur cœur » (Ép 4.18). Dabney explique :

Le siège de ce vicieux « habitus » moral se situe, à proprement parler, au niveau des tendances morales. Mais puisque celles-ci donnent la direction effective à toutes les facultés et à toutes les parties de l'âme et du corps, on peut affirmer, pour ainsi dire, que les actions à caractère moral s'avèrent moralement souillées. En fait, la conscience (le siège de l'intuition rationnelle) n'est pas détruite ; cependant sa capacité de rendre des jugements équitables se voit grandement perturbée par des désirs méchants et les émotions morales instinctives, qui devraient normalement accompagner ces jugements, ont été tellement négligées qu'elles semblent faibles ou carrément inexistantes pour l'instant. Les mauvais penchants du cœur pervertissent l'entendement de questions à caractère moral, ils vont jusqu'à qualifier le bien de mal, et le mal de bien; d'où « l'aveuglement de l'esprit » sur tous les sujets moraux. La mémoire devient un entrepôt d'images et de souvenirs corrompus qui nourrissent l'imagination en les souillant. Les appétits charnels, stimulés par les désirs de l'âme, par une mémoire ou une imagination corrompue et par une indulgence débridée, deviennent tyranniques et démesurés. Nos membres et nos sens deviennent alors esclaves de l'iniquité. Ainsi, ce qui n'est pas impie en soi est utilisé à des fins impies[13].

Le péché nous rend impuissants

La dépravation totale décrit la condition humaine universelle. Cette condition entraîne une impuissance absolue : sans l'intervention bienveillante de Dieu, les êtres humains sont incapables de remédier à leur situation. Dabney explique :

Toute action morale a tendance à stimuler le penchant auquel elle se livre. Pensez-vous que cela résulte d'une force négligeable produite par une action, d'une habitude insignifiante qui ne tient que par un fil ? Pas toujours. Mais lorsqu'on change un tant soit peu la donne, elle est changée à jamais : la chute est amorcée, juste un premier pas mais, graduellement, la descente s'accélèrera. L'amour démesuré de soi devient le mode d'action et il établira de plus en plus sa domination [...].

La dépravation d'origine est totale car fondamentale et définitive, et l'être humain est incapable de s'en affranchir. Le péché originel nous pousse progressivement vers la perversion totale. En un mot : la mort spirituelle. La mort physique rend sa victime plus ou moins livide. Un cadavre peut être plus ou moins émacié, encore chaud, encore souple ; il peut conserver un soupçon de couleur sur les joues et un sourire sur les lèvres : il peut encore être précieux et beau aux yeux de ceux qui l'ont aimé. Mais il est mort et il va bientôt se putréfier. Ce n'est qu'une question de temps[14].

Ce n'est pas que les êtres humains veuillent se soumettre à Dieu sans le pouvoir. Même leur volonté propre est corrompue en sorte qu'ils ne veulent pas faire ce qui est juste. « Car l'affection de la chair est inimitié contre Dieu, parce qu'elle ne se soumet pas à la loi de Dieu, et qu'elle ne le peut même pas » (Ro 8.7). Les êtres humains continuent de résister à Dieu – ce qui est exactement leur but – jusqu'à ce que Dieu change leur volonté pour qu'enfin ils aspirent à se soumettre à lui.

Le péché nous rend esclaves de Satan

Au moment où Adam a péché, la domination du monde a été transférée d'Adam à Satan. Ce dernier est à la tête d'une vaste armée de démons puissants et organisés, opposés à Dieu et résolus à détruire son peuple. Satan accuse et tente les hommes (voir Job 1 ; 1 Ch 21.1 ; Za 3).

Le nom Satan signifie « adversaire ». On l'appelle aussi le Diable (qui signifie « calomniateur »), le Malin, l'accusateur, le tentateur, Bélial (qui signifie « sans valeur »), Belzébul (le nom donné au « dieu des mouches » à Akron), le prince des démons, le prince de la puissance de l'air, le prince de ce monde, le dieu de notre âge, le grand dragon et le Serpent ancien. Il est le dieu de ce monde, aveuglant l'esprit des incroyants jusqu'à ce que

Dieu fasse briller la lumière rédemptrice de Christ dans leur cœur
(2 Co 4.1-6). « [...] le monde entier est sous la puissance du malin
(1 Jn 5.19b). C'est pourquoi Paul écrit :

> *Vous étiez morts par vos offenses et par vos péchés,
> dans lesquels vous marchiez autrefois, selon le train
> de ce monde, selon le prince de la puissance de
> l'air, de l'esprit qui agit maintenant dans les fils de
> la rébellion. Nous tous aussi, nous étions de leur
> nombre, et nous vivions autrefois selon les convoitises
> de notre chair, accomplissant les volontés de la chair
> et de nos pensées, et nous étions par nature des
> enfants de colère, comme les autres* (Ép 2.1-3).

Comme le fait remarquer Bavinck :

> Il faut analyser de manière systématique les péchés
> qui se manifestent dans certains domaines de la vie
> humaine. Il y a les péchés personnels et individuels,
> mais aussi les péchés communs, les péchés sociaux, les
> péchés de certaines familles en particulier, de la nation
> et ainsi de suite [...]. En réalité, on ne prend conscience
> que d'une infime partie des péchés commis dans notre
> entourage immédiat et ce, superficiellement. Mais
> si nous pouvions aller au-delà des apparences pour
> retracer la racine du péché dans le cœur des gens,
> nous en conclurions qu'il existe, dans le péché, une
> unité, une idée, un plan, un modèle – en un mot, le
> péché s'érige en système [...]. Le principe et l'essence
> du péché ne conçoivent qu'inimitié contre Dieu et, dans
> le monde, ne cherchent rien d'autre que la domination
> totale. Chaque péché, même le plus petit, puisqu'il
> est une transgression de la loi divine, sert cet objectif
> ultime en corrélation avec tout le système. L'histoire
> du monde n'est pas un processus d'évolution aveugle,
> mais un drame affreux, une lutte spirituelle, qui dure

depuis des siècles, une guerre entre l'Esprit d'en haut et celui d'en bas, entre Christ et l'Antichrist, entre Dieu et Satan[15].

ALORS COMMENT DEVONS-NOUS VIVRE ?

Les politiciens, les philosophes, les scientifiques, les psychologues et les sociologues modernes cherchent à remédier aux problèmes de notre monde. Mais les remèdes qui occultent cette conception du péché ne sont que des enfantillages car ils n'entrevoient même pas la gravité de la situation humaine. Les hommes n'arrivent pas à surmonter le péché, ce problème grave et universel. Dieu seul en est capable.

Tel est le problème que nous devons affronter. Il existe en nous, dans chaque être humain, cette terrible et formidable puissance nommée « péché » qui nous éloigne de Dieu et nous fait le mépriser et qui, en même temps, nous avilit et nous mène à des comportements tout à fait ignominieux. Il est inutile de réfléchir et de discuter de cette situation de façon uniquement théorique. Il nous est néfaste de regarder la vie à travers des lunettes roses. Nous devons regarder les faits en face et appréhender la vraie nature du problème, c'est ainsi que nous constaterons qu'il n'y a qu'une seule puissance qui soit suffisante et appropriée pour le résoudre – la puissance de Dieu lui-même[16].

Nous sommes complètement à la merci de Dieu.

Lorsque nous comprenons que nous avons à ce point besoin de Dieu, nous apprécions alors son grand amour, sa miséricorde et l'étendue de la gloire de sa grâce, qui nous délivrent du péché. Ceci nous pousse à louer Dieu pour un si grand salut.

La potentialité de destruction du péché est, pour ainsi dire, infinie. Nous devons le craindre et le détester. Il est tellement redoutable que seule la mort du Fils de Dieu a pu nous en délivrer. Souvenons-nous alors :

> *Car, si nous péchons volontairement après avoir reçu la connaissance de la vérité, il ne reste plus de sacrifice pour les péchés, mais une attente terrible du jugement et l'ardeur d'un feu qui dévorera les rebelles. Celui qui a violé la loi de Moïse meurt sans miséricorde, sur la déposition de deux ou de trois témoins ; de quel pire châtiment pensez-vous que sera jugé digne celui qui aura foulé aux pieds le Fils de Dieu, qui aura tenu pour profane le sang de l'alliance, par lequel il a été sanctifié, et qui aura outragé l'Esprit de la grâce ? Car nous connaissons celui qui a dit : À moi la vengeance, à moi la rétribution ! et encore : Le Seigneur jugera son peuple. C'est une chose terrible de tomber entre les mains du Dieu vivant (Hé 10.26-31).*

NOTES

1. Matthew White, "Deaths by Mass Unpleasantness: Estimated Totals for the Entire 20th Century," http://users.erols.com/mwhite28/warstat8.htm (*Traduction Ed. Clé*).
2. Christopher J. H. Wright, *The Mission of God: Unlocking the Bible's Grand Narrative* (Downers Grove, IL : InterVarsity, 2006),433-34, (*Traduction Ed. Clé*).
3. Paul Ricœur, *Le conflit des interprétations; essais d'herméneutique. Paris, Éditions du Seuil (c1969), 429-430.*
4. Harold G. Coward, *The Perfectibility of Human Nature in Eastern and Western Thought* (Albany, NY: State University of New York Press, 2008), 83 (*Traduction Ed. Clé*).
5. Jonathan Edwards, *The Complete Works of Jonathan Edwards* (Carlisle, PA: Banner of Truth, réimpression 1995), 1:145, (*Traduction Ed. Clé*).
6. Blaise Pascal, *Les Pensées classées selon ses indications manuscrites,* Éditions du Cerf, Paris, 2005. Pensée 371.
7. Herman Bavinck, *Our Reasonable Faith* (Grand Rapids, MI : Eerdmans, 1956), 221, (*Traduction Ed. Clé*).
8. John Murray, *Collected Writings of John Murray : Lectures in Systematic Theology* (Carlisle, PA: Banner of Truth, 1978), 2:69, (*Traduction Ed. Clé*).
9. Herman Bavinck, *Reformed Dogmatics : Sin and Salvation in Christ* (Gran Rapids, MI: Baker Academic, 2004) 3:64-65, (*Traduction Ed. Clé*).
10. Voir Robert L. Reymond, *A New Systematic Theology of the Christian Faith*, 2nd ed. (Nashville, TN: Nelson, 1998), 436-39, (*Traduction Ed. Clé*).
11. Déclaration de foi de la *Gospel Coalition*. Disponible sur www.thegospelcoalition.org (rubrique *About Us*).
12. Bavinck, *Our Reasonable Faith*, 248, (*Traduction Ed. Clé*).
13. R.L. Dabney, *Systematic Theology* (Carlisle, PA : Banner of Truth, 1985), 323, (*Traduction Ed. Clé*).
14. Ibid., 313, 324 (*Traduction Ed. Clé*).
15. Bavinck, *Our Reasonable Faith*, 248 (*Traduction Ed. Clé*).
16. D. Martyn Lloyd-Jones, *The Plight of Man and the Power of God* (Ada, MI: Baker, 1982, 57 (*Traduction Ed. Clé*).

PHILIP GRAHAM RYKEN

est titulaire d'un doctorat en théologie (PhD) de l'université d'Oxford. Il est président du *Wheaton College*. Avant d'exercer ce ministère, il a servi en tant que pasteur principal à la *Tenth Presbyterian Church* de Philadelphie. Il est l'auteur de nombreux livres, dont les commentaires sur l'Exode et Ecclésiaste dans la série *Preaching the Word*.

La justification

PHILIP GRAHAM RYKEN

Imaginez la scène : un criminel accusé se tient devant un juge impartial pour recevoir sa juste sentence. La procédure commence par la lecture des lois du royaume, effectuée par un représentant de la Cour. Alors qu'il écoute, le criminel commence à réaliser qu'il est voué à la condamnation, car il se trouve qu'il a violé chacune des lois du livre. Quel que soit le motif de l'inculpation, il est certain d'être reconnu coupable. Quand le juge se tourne finalement vers l'accusé et lui demande comment il veut plaider, l'homme reste sans voix. Il se tient devant le juge dans une terreur muette, incapable de prononcer quoi que ce soit pour sa défense.

LE BESOIN UNIVERSEL ET DÉSESPÉRÉ DE JUSTIFICATION

Voilà la situation légale désespérée décrite dans les premiers chapitres de l'épître aux Romains. L'humanité se tient sur le banc des accusés. Religieux et irréligieux, Juifs et païens, croyants et athées, tout le monde devra paraître devant le trône de Dieu pour le jugement. La norme de la justice est la loi parfaite de Dieu. Selon ce standard, tout le monde doit être condamné, « car tous ont péché et sont privés de la gloire de Dieu » (Ro 3.23) ; « Il n'y a point de juste, pas même un seul » (Ro 3.10 ; voir Ps 14.3).

Ainsi, quand la loi est lue, tout commandement devient un motif d'accusation. Nous ne pouvons rien dire pour notre défense : « Or, nous savons que tout ce que dit la loi, elle le dit à ceux qui sont sous la loi, afin que toute bouche soit fermée, et que tout le monde soit reconnu coupable devant Dieu. Car personne ne sera justifié devant lui par les œuvres de la loi, puisque c'est par la loi que vient la connaissance du péché » (Ro 3.19-20).

Le problème de l'humanité est le péché, purement et simplement. Nous sommes des pécheurs coupables qui ne méritent rien d'autre que la colère de Dieu. Nous ne pouvons rien faire non plus pour nous sauver nous-mêmes. Les justes exigences de Dieu ne peuvent nous sauver ; elles ne peuvent que nous condamner parce que nous ne pouvons les observer. Ainsi, lorsque nous nous tenons devant Dieu pour le jugement, nous n'avons pas la moindre chance d'être acceptés sur la base de quoi que ce soit que nous aurions fait. Il ne s'agit pas d'un procès dans lequel nous serions innocents jusqu'à preuve de notre culpabilité ; il s'agit plutôt d'un procès dans lequel nous avons déjà été convaincus de culpabilité et devons rester coupables jusqu'à ce que nous soyons déclarés justes.

Ce n'est que lorsque nous reconnaissons combien notre situation est désespérée, d'un point de vue légal, que nous pouvons commencer à comprendre la doctrine biblique de la justification. L'exemple évocateur du désespoir d'un pécheur nous est donné par la vie de Donald Smarto. Alors qu'il étudiait pour devenir prêtre, Smarto joua le rôle d'un cardinal dans une pièce de théâtre religieuse. Pour l'aider à avoir une apparence convaincante, son monastère s'était arrangé pour qu'il puisse emprunter des robes brodées au diocèse. Smarto écrit dans son autobiographie : « Cela m'enthousiasmait et, quand elles sont arrivées, je suis allé dans ma chambre, j'ai fermé la porte à clef et j'ai délicatement retiré la soutane, l'écharpe et la cape écarlates de la housse[1]. »

Ces vêtements faisaient l'objet d'une obsession grandissante chez Smarto, qui les enfilait avant chaque représentation :

> Bien que la pièce ne commençait qu'à huit heures, je mettais mes robes de plus en plus tôt. Cela prenait presque une demi-heure pour attacher tous les boutons, mais vers les derniers jours de représentation, je m'habillais environ à deux heures de l'après-midi, soit cinq heures avant le début de la pièce. J'allais et venais, me pavanant devant un miroir et, tandis que je le faisais, un sentiment m'envahissait. Je me tenais le plus longtemps possible devant mon image et j'aimais ce que je voyais... J'avais le sentiment d'être saint. Je ne pensais pas que j'étais un pécheur ; je croyais que mes œuvres plaisaient à Dieu[2].

La confiance fallacieuse de Smarto fut anéantie quand il comprit à quoi ressemblait réellement la personne sous les robes. Cela arriva au cinéma :

> Un évêque apparut à l'écran dans le film. Vêtu d'un beau vêtement décoré de joyaux étincelants, il s'approcha lentement en marchant, sortant de derrière un rideau. Tandis qu'il marchait, cependant, une grosse rafale de vent déchira son vêtement, révélant au-dessous un squelette pourri.

> Au même instant, mon esprit me dit : *C'est moi...* Je rejetai immédiatement la pensée... « Ce n'est pas moi ! », dis-je... Je voulais éliminer de ma pensée les images du film, mais cela ne marchait pas... Je continuai à essayer de me sentir mieux. « Faites que ce sentiment s'en aille », dis-je à Dieu. « *Je ne suis pas* un hypocrite. *Je ne suis pas* un acteur. Je suis *quelqu'un de bien* ! » Je continuai de penser à toutes les bonnes

choses que j'avais faites... Et pourtant, ces pensées ne m'apportèrent pas de consolation[3].

C'est seulement lorsque nous voyons la sombre et laide réalité de notre péché que nous sommes véritablement prêts à nous tourner vers Dieu pour recevoir son aide – notamment le pardon et la justice de Jésus-Christ. Comme James Buchanan l'a écrit dans son fameux livre sur la justification, « la meilleure préparation à l'étude de la doctrine n'est pas une grande capacité intellectuelle, pas plus qu'une éducation poussée, mais une conscience vivement touchée par le sens de notre condition véritable de pécheurs aux yeux de Dieu[4] ».

LE RÔLE CENTRAL DE LA JUSTIFICATION : « CHARNIÈRE », « FONDEMENT », « ARTICLE PRINCIPAL »

Ayant décrit notre tragique situation dans tous ses misérables détails, l'apôtre Paul annonce qu'un remède légal a été rendu disponible : « Mais maintenant, sans la loi est manifestée la justice de Dieu » (Ro 3.21). Les mots « mais maintenant » marquent une transition majeure dans l'argumentation de Paul. Bien plus, ils introduisent le grand tournant de l'histoire du salut. Jusqu'à ce moment, nous étions condamnés. La loi de Dieu, par sa perfection, nous dit que nous ne pouvons pas être déclarés justes dans le tribunal de Dieu. Mais maintenant, une justice *venant de* Dieu a été révélée. Dieu a ouvert la voie pour que nous soyons déclarés justes ou, pour le dire à la manière de la Bible, Dieu a ouvert une voie pour que nous soyons *justifiés*.

Le salut n'est pas seulement la justification par la foi. Et pourtant, sans exagérer son importance, nous pouvons dire que cette doctrine de la justification tient une place proche du message central de l'Évangile. La justification est l'un des thèmes fondamentaux au centre de l'Écriture, en particulier dans le Nouveau Testament, où « justifier » (*dikaio*) apparaît plus de deux cents fois[5] sous différentes formes. La forte présence de ce vocabulaire dans l'Évangile montre l'importance de la justification dans la théologie biblique.

Le rôle central de la justification a été reconnu par de nombreux théologiens dans l'histoire de l'Église chrétienne. Jean Calvin l'a appelée « l'article principal de la religion chrétienne[6] ». Le réformateur anglais Thomas Cranmer l'a décrite comme « le roc solide et le fondement de la religion chrétienne[7] ». Martin Luther a appelé la justification, peut-être de la manière la plus célèbre entre toutes, « l'article principal de la doctrine chrétienne », de sorte que « lorsque la justification s'écroule, tout s'écroule[8] ». Que nous pensions à la justification comme la charnière de la doctrine chrétienne, le fondement de notre foi ou l'article par lequel le salut subsiste ou s'écroule, aucun espoir de salut n'existe sans elle. Elle est la doctrine, dit Luther à une autre occasion, qui « engendre, entretient, construit, préserve et défend l'Église de Dieu ; et sans elle, l'Église de Dieu ne peut exister une heure[9] ».

LE SENS DE LA JUSTIFICATION : DÉCLARER JUSTE

La justification tient une place centrale dans l'Évangile car elle répond à la question fondamentale : « Comment un homme pécheur peut-il être juste devant un Dieu saint ? » La réponse se trouve dans l'enseignement biblique sur la justification, que la confession de foi de la *Gospel Coalition* définit comme suit :

> Nous croyons que par son obéissance et sa mort, le Christ a totalement effacé la dette de tous ceux qui sont justifiés. Par son sacrifice, il a subi le châtiment que méritaient nos péchés ; il a ainsi efficacement, réellement et pleinement satisfait la justice de Dieu à notre égard. Par son obéissance parfaite, il a satisfait les justes exigences de Dieu nous concernant, puisque cette obéissance parfaite est créditée par la foi seule à tous ceux qui croient en Christ seul pour être acceptés par Dieu.

Le vocabulaire de la justification vient de la cour de justice, où « justifier » est un verbe déclaratif. Dans sa forme nominale, « justification » est un mot légal qui renvoie au statut judiciaire d'une personne. Les termes bibliques entourant la justification trouvent donc leur origine dans les relations légales. Le verbe grec *dikaio* , qui signifie « justifier », est essentiellement un terme judiciaire qui « indique au départ une sentence d'acquittement[10] ». Justifier, c'est rendre un verdict favorable, déclarer qu'une personne est dans son bon droit, annoncer le pardon en termes légaux. La justification est une réhabilitation. C'est une décision de la Cour établissant que quelqu'un a une relation droite avec Dieu et avec sa loi. C'est la déclaration que – du point de vue de la loi – l'accusé n'est pas coupable mais innocent.

Une bonne façon de définir la justification est de la comparer à son contraire, la condamnation. Condamner, c'est déclarer une personne injuste. C'est le verdict judiciaire – du point de vue de la loi – qui la proclame coupable. Bien sûr, cet acte de condamnation n'est pas ce qui rend un criminel coupable. Ce sont ses propres actions qui le rendent coupable et il le devient au moment même où il viole la loi. Ainsi, quand il est finalement condamné, la Cour le déclare simplement tel qu'il est déjà, un pécheur coupable.

La justification est le contraire de la condamnation. Justifier, c'est prononcer un verdict d'innocence. Avec la justification, une personne n'est pas *rendue* juste mais *déclarée* juste. La justification n'est donc pas un processus mais un acte. Il ne s'agit pas de la transmission de la justice par la foi avec les œuvres et les sacrements, comme certains théologiens ont cherché à l'affirmer, mais l'imputation de la justice par la foi seule.

Le véritable sens de la justification, qui est « déclarer légalement juste » et non « rendre réellement juste », peut être établi à partir de l'Écriture. Par exemple, en Deutéronome 25.1, la Bible enseigne que « lorsque des hommes, ayant entre eux une querelle, se présenteront en justice pour être jugés, on absoudra *l'innocent, et l'on condamnera le coupable* ». Évidemment, un juge ne *rend* pas une personne coupable, il la *déclare* simplement coupable, la condamnant ainsi selon sa sentence. Par analogie, le mot « acquitter » (dont le mot hébreu *hatsdiq* correspond à « justifier ») signifie également « déclarer juste ».

Considérons aussi Proverbes 17.15 : « Celui qui absout le coupable et celui qui condamne le juste sont tous deux en abomination à l'Éternel ». Ici encore, les mots « absoudre » ou « acquitter » ou encore « justifier » (*hastdiq*), se réfèrent de manière évidente à une déclaration légale. En déplorant la justification du coupable, Dieu n'essaie pas d'empêcher quiconque de transformer les coupables en citoyens bons et honnêtes. Si justifier le coupable signifiait le *rendre* juste, Dieu y serait certainement favorable ! Son objection concerne plutôt le fait de déclarer le coupable innocent, ce qui serait faux et pernicieux.

Dans le Nouveau Testament, le mot « justification » est utilisé de la même manière. Comme dans l'Ancien Testament, justifier est le contraire de condamner. On le voit clairement, par exemple, à partir du contraste que Paul établit entre le péché d'Adam et le don du Christ : « C'est après une seule offense que le jugement est devenu condamnation, tandis que le don gratuit devient justification après plusieurs offenses » (Ro 5.16). Justifier signifie donc déclarer qu'un prévenu est innocent face à un chef d'accusation. Dans le contexte du salut, c'est la déclaration de Dieu qu'une personne est acceptable à ses yeux et peut se tenir désormais droitement devant lui.

Remarquez que la justification apporte davantage que l'acquittement. Acquitter, c'est simplement déclarer une personne « non coupable ». Mais dans la justification, Dieu ne lave pas simplement un pécheur de toutes ses accusations ; il le déclare aussi positivement juste. La justification est la déclaration légale de Dieu selon laquelle, sur la base de la vie parfaite et de la mort sacrificielle de Jésus-Christ, reçues par la foi, un pécheur est aussi juste que son propre Fils bien-aimé.

Certains théologiens objectent que cette analyse met trop l'accent sur les catégories judiciaires. Ils rejettent l'idée que la croix était une transaction légale, par laquelle on a fait payer à une victime innocente la sanction requise pour les crimes des autres. Pourtant, la Bible enseigne, avec raison, la justification légale. Tandis que la grâce salvatrice de Dieu peut être décrite de maintes manières, la catégorie légale de la justification est fondamentale pour l'Évangile. Puisque Dieu est un juge aussi bien qu'un père, nous nous devons, dans notre relation avec lui, d'être *en règle* sur le plan juridique. Éliminer la base légale de la justification, c'est priver un pécheur de la connaissance de Dieu en tant que Sauveur. Pire, c'est croire en un Dieu d'amour injuste qui pardonne sans avoir le moindre droit d'agir ainsi.

LA SOURCE DE LA JUSTIFICATION : LE DON GRATUIT DE LA GRÂCE DE DIEU

Si la justice est nécessaire à la justification, d'où vient-elle ? Comme nous l'avons vu, notre problème vient de ce que nous n'avons aucune justice en nous-mêmes. Quelle est donc la source de la justice qui justifie ?

La source de notre justification est le don gratuit de la grâce de Dieu. L'apôtre Paul le dit très simplement : nous sommes « gratuitement justifiés par sa grâce » (Ro 3.24). La confession de foi de la *Gospel Coalition* donne une réponse plus étendue :

> Attendu que le Père a donné le Christ pour nous et qu'il a accepté son obéissance et son châtiment à notre place, gratuitement et sans aucun mérite de notre part, cette justification résulte uniquement du don gratuit de la grâce, afin que la justice stricte de Dieu aussi bien que la richesse de sa grâce soient glorifiées dans la justification des pécheurs.

Dire que nous sommes justifiés par la grâce, c'est dire que la justification est bien plus que ce que nous méritons. C'est un acte de la faveur imméritée de Dieu. Comme Thomas Cranmer l'a écrit dans son *Homélie sur le salut :* « Aucun homme ne peut, par ses propres actions, être justifié et rendu juste devant Dieu :

mais tout homme, par nécessité, est contraint de chercher une autre justice ou justification, pour être autorisé à se présenter devant Dieu[11]. » Le message de l'Évangile est que Dieu offre cette justice aux pécheurs comme un don : « C'est Dieu qui justifie » (Ro 8.33).

Cela nous amène à un point controversé dans l'interprétation du Nouveau Testament. Le don, de la part de Dieu, de la justice qui justifie est mentionné deux fois dans Romains 3, à la fois dans le verset 21 (« Mais maintenant, sans la loi est manifestée la justice de Dieu, à laquelle rendent témoignage la loi et les prophètes ») et dans le verset 22 (« justice de Dieu »). Techniquement parlant, cependant, ces versets ne parlent pas d'une « justice *qui vient de* Dieu », comme il est écrit dans certaines versions, mais de la « justice *de* Dieu ».

Il y a plus d'une façon d'interpréter cette expression. Peut-être le mot « de » dans l'expression « justice de Dieu » exprime-t-il ce que les grammairiens appellent une relation d'appartenance. On en trouve un exemple dans l'expression « le peuple de Dieu », où le peuple en question appartient à Dieu, et Dieu est celui à qui il appartient. Ainsi, peut-être la « justice de Dieu » est-elle simplement la justice que Dieu possède, qui lui appartient et qu'il manifeste dans le salut. Nous rencontrons cette idée, par exemple, dans le verset 2 du Psaume 98 : « L'Éternel a manifesté son salut, il a révélé sa justice aux yeux des nations ».

Cependant, une autre possibilité existe. Les mots « de Dieu » pourraient expliquer d'où vient la justice – ce que les grammairiens appellent une relation d'origine. On en trouve un exemple dans l'expression « la musique de Beethoven, » où la musique en question trouve son origine en Beethoven. Si la « justice de Dieu » exprime une relation d'origine, alors Dieu est l'origine de la justice. C'est bien sûr l'interprétation que certaines versions de la Bible favorisent lorsqu'elles parlent d'une « justice *qui vient de* Dieu ». Selon cette lecture, Dieu est la source de la justice qu'il confère aux pécheurs.

Quelle interprétation est la bonne ? La justice appartient-elle à Dieu, ou vient-elle de Dieu comme un don ? Les deux affirmations sont certainement vraies. La justice appartient à Dieu comme un de ses attributs essentiels. En effet, la conclusion surprenante de l'argument de Paul dans Romains 3 est que même quand il justifie des pécheurs de tous les peuples, Dieu préserve toujours sa justice ! Dans la justification, Dieu « montre ainsi sa justice dans le temps présent, de manière à être juste tout en justifiant celui qui a la foi en Jésus » (Ro 3.26).

Cependant, la justice de Dieu est aussi « cette justice que sa justice exige de lui qu'il exige[12] »et qu'il offre gracieusement comme un don à celui qui croit. Il y a donc une justice pour nous *qui vient de* Dieu – justice que non seulement il possède et démontre, mais aussi qu'il confère. L'enjeu de la justification n'est pas simplement de savoir si Dieu est juste, mais si *nous* pouvons être trouvés justes. Paul semble jeter le doute dans le verset 20, quand il aboutit à la conclusion alarmante que « personne ne sera justifié devant lui ».

Cela étant, dans le verset 21, il annonce la bonne nouvelle selon laquelle nous *pouvons* être déclarés justes devant Dieu, non pas à cause de notre propre justice, mais à cause de la justice qui vient de Dieu. Cette interprétation est confirmée par le verset 22, qui établit clairement que la justice de Dieu est pour « tous ceux qui croient ». Plus loin, Romains 5.17 la confirme en parlant de ceux qui reçoivent la provision abondante de la grâce de Dieu et du *don* de la justice.

La justice n'est donc pas seulement un attribut que Dieu montre, mais aussi un don qu'il dispense. Pour utiliser une expression mémorable de John Stott, la justification est « la juste procédure qui justifie l'injuste[13] ».

Si nous sommes déclarés justes sur la base d'un don, alors la source de notre justification doit être la grâce de Dieu. C'est en effet ce qu'est la grâce : le don gratuit de Dieu pour des pécheurs qui ne le méritent aucunement. C'est le don-justice que Paul a en vue lorsqu'il déclare aux Philippiens qu'il veut « être trouvé en lui, non avec [sa] justice, celle qui vient de la loi, mais avec celle qui s'obtient par la foi en Christ, la justice qui vient de Dieu par la foi » (Ph 3.9 ; voir aussi Hé 11.7).

C'est aussi ce que Martin Luther voulait dire quand il parlait d'une « justice étrangère ». Puisqu'il n'y a pas de justice en nous, nous ne pouvons être justifiés que par une justice extérieure à nous-mêmes, celle de Dieu, qu'il nous accorde par la foi en Jésus-Christ.

LA BASE DE LA JUSTIFICATION : LA VIE PARFAITE ET LA MORT SACRIFICIELLE DE JÉSUS

Sur quelle base légale Dieu accorde-t-il le don de sa justice ? La Bible enseigne que Dieu « justifie l'impie » (Ro 4.5). Mais si nous sommes de fait impies, comment peut-il déclarer que nous sommes ce que nous ne sommes pas ? Et comment peut-il justifier l'impie sans être considéré comme impie lui-même ?

Se contenter de fermer les yeux sur le péché ou de l'excuser serait un outrage à un Dieu juste. Si donc il a l'intention de justifier les pécheurs, il doit avoir une base judiciaire légitime pour le faire. John Stott écrit :

> La justification n'est donc pas une simple amnistie qui est un pardon accordé sans cause, et qui ferme les yeux sur les méfaits, qui les oublie (*amnestia* signifie « oubli ») et qui renonce à faire passer les coupables en justice. Contrairement à l'amnistie, la justification est un acte de justice, mais de justice magnanime. [...] Lorsque Dieu justifie des pécheurs, il ne déclare pas que des pécheurs coupables sont des braves gens, ni qu'ils sont exempts de péchés ; il les proclame juridiquement justes, c'est-à-dire libres de toute condamnation à l'égard de la loi transgressée, parce qu'il a lui-même, en son Fils, subi la sanction que méritaient leurs transgressions de la loi[14].

Comment Dieu maintient-il donc sa justice tout en justifiant l'impie ? La réponse à ce problème théologique est que Dieu justifie les pécheurs sur la base de la vie parfaite et de la mort sacrificielle de Jésus-Christ. Dire que Jésus a vécu une vie parfaite, c'est dire qu'il a gardé la loi de Dieu dans toute sa perfection, sans jamais commettre ne serait-ce que la moindre petite transgression. « Il a parfaitement obéi à son Père céleste », écrit la Gospel Coalition dans la partie de sa confession de foi intitulée « La Rédemption du Christ ». Cette déclaration est conforme à l'Écriture, qui dit : il « n'a point commis de péché » (1 Pi 2.22). Jésus a vécu la vie juste que la justice de Dieu requiert.

De plus, lorsque nous recevons Jésus par la foi, sa justice nous est imputée, comme si nous avions nous-mêmes vécu la vie juste que Dieu exige. Pour citer encore la Gospel Coalition, dans sa confession de foi : « Par son obéissance parfaite [Jésus] a satisfait aux justes exigences de Dieu pour notre compte, puisque par la foi seule cette obéissance parfaite est créditée à tous ceux qui se confient en Christ seul pour leur acceptation devant Dieu ».

En vertu de cette vie parfaite, quand Jésus est mort sur la croix, il a offert un sacrifice parfait pour nos péchés, ce qui est aussi une part de la base de notre justification : nous sommes « gratuitement justifiés par sa grâce, par le moyen de la rédemption qui est en Jésus-Christ. C'est lui que Dieu a destiné à être par son sang pour ceux qui croiraient victime propitiatoire » (Ro 3.24-25). C'est par sa vie et son sang que Jésus a garanti notre justification. Comme Paul poursuit dans Romains 5.9 : « maintenant nous sommes justifiés par son sang ». Aucune justification n'est possible sans crucifixion. L'Évangile fonde ainsi le don de la justice qui sauve dans la mort souffrante de Jésus-Christ. John Stott écrit :

> L'œuvre salvatrice de Dieu s'est accomplie au moyen du sang répandu, c'est-à-dire par le sacrifice substitutif du Christ. [...] La mort de Jésus a constitué le sacrifice expiatoire grâce auquel Dieu a détourné de nous sa colère (Ro 3.25) ; elle a représenté la rançon versée pour notre rachat (1 Pi 1.18-19) ; elle a été la condamnation

de l'innocent pour que le coupable soit justifié (Ro 8.3, 33) ; enfin, elle a été l'identification à notre péché, de celui qui était sans péché (2 Co 5.21)[15].

Nous avons précédemment considéré l'expérience choquante vécue par Don Smarto, quand il a découvert, sous les fières robes de sa justice extérieure, un squelette de péché. Cette histoire va plus loin. Quand Smarto retourne à son monastère, cette nuit-là, il lutte pour se justifier lui-même devant Dieu. Il continue à vouloir se persuader qu'il est assez bon pour Dieu. Il sort alors flâner dans les champs de maïs environnants, pour marcher au clair de lune. Cependant, la lune est bientôt couverte de nuages et la nuit devient noire. Alors que Smarto trébuche dans les ténèbres, son cœur cogne dans sa poitrine et il crie à Dieu : « Dis-moi que je fais ce qui est bien. Dis-moi que tout ce que je fais te plaît. Parle-moi clairement ! »

Au bord du désespoir, Smarto entend alors un étrange bourdonnement et se dirige dans cette direction. Il atteint et touche dans la pénombre un morceau de bois massif. Bien sûr ! Il s'agit seulement d'un poteau téléphonique. Mais alors qu'il lève les yeux, les nuages commencent à s'écarter et il peut voir la barre transversale qui soutient les lignes téléphoniques. Là, se découpe au clair de lune, la forme d'une croix. Don Smarto se tient au pied de la croix, pour ainsi dire, regardant à Jésus pour son salut. Voici ce que Smarto écrit à propos de cette rencontre avec Jésus et la croix :

> Dès lors je savais – je savais vraiment – que Christ était mort pour moi. Ce constat était associé à la révélation plus importante encore que j'étais un pécheur, que je n'étais pas la personne bonne que j'avais pensé être un moment auparavant. Tout à coup, j'embrassai le poteau téléphonique et commençai à pleurer. J'ai dû étreindre ce morceau de bois pendant presque une heure. Je pouvais imaginer Jésus cloué à ce poteau, le sang gouttant de ses plaies. C'était comme si le sang

coulait sur moi, me purifiant de mon péché et de ma bassesse[16].

Ce que Don Smarto a reçu au cours de cette rencontre spectaculaire est véritablement ce que toute personne repentante reçoit au pied de la croix : le sacrifice sanglant purificateur qui expie le péché et justifie les pécheurs devant Dieu.

LA JUSTICE DE LA JUSTIFICATION : UNE TRIPLE IMPUTATION

Quand Jésus est mort sur la croix, il fut traité comme un criminel condamné. Les Romains réservaient la crucifixion aux pires des criminels : les traîtres, les meurtriers, et autres méprisables malfaiteurs. Jésus n'était ni un traître, ni un meurtrier ; en fait, comme nous l'avons vu, il n'a jamais commis un seul péché (voir Hé 4.15). Et pourtant, Dieu a permis qu'il soit crucifié pour emporter notre péché. Pour utiliser le terme technique, Dieu a *imputé* notre péché au Christ. Imputer, c'est créditer quelque chose sur le compte de quelqu'un, ce qui est précisément la manière dont nous sommes devenus pécheurs, en premier lieu : le péché d'Adam a été porté à notre compte (voir Ro 5.12-19). Par l'imputation du péché d'Adam, nous sommes considérés comme pécheurs.

Heureusement, une deuxième imputation est effectuée (en plus de celle du péché d'Adam) : l'imputation de notre péché à Jésus-Christ. Jésus était parfaitement juste, cependant il est mort à la manière d'un pécheur. Comment Dieu a-t-il pu permettre une telle chose ? La réponse provient de l'imputation. Dieu a enlevé *notre* péché et l'a déposé sur le compte du Christ, comme il l'avait promis, par son serviteur Ésaïe : « Mon serviteur juste justifiera beaucoup d'hommes, et il se chargera de leurs iniquités » (És 53.11). Une fois notre péché ainsi imputé au Christ, il était condamné à mourir – pas pour son propre péché, mais pour le nôtre. Sur la croix, Jésus fut considéré comme injuste. Voyant qu'il portait la culpabilité à notre place, Dieu a condamné notre péché dans sa chair (voir Ro 8.3). Comme le dit l'Écriture : « Celui

qui n'a point connu le péché, il l'a fait devenir péché pour nous »
(2 Co 5.21). L'Écriture dit également « Christ aussi a souffert une
fois pour les péchés, lui juste pour des injustes » (1 Pi 3.18).

Mais la mort du Christ n'est pas la fin de l'histoire. L'Écriture
mentionne aussi une troisième imputation : « Celui qui n'a point
connu le péché, il l'a fait devenir péché pour nous, afin que nous
devenions en lui justice de Dieu » (2 Co 5.21). Si nous devons être
justifiés, il ne suffit pas que nos péchés soient imputés au Christ ;
sa justice doit aussi nous être imputée. Alors, et alors seulement,
nous pouvons être déclarés justes. C'est exactement ce que Dieu
a fait. Ainsi, la justice nous a été donnée par Dieu, imputée sur la
base de la vie parfaite et de la mort sacrificielle du Christ.

Il peut être utile ici de distinguer justice active et justice
passive. Jésus a démontré sa justice active en accomplissant les
préceptes de la loi et sa justice passive en payant le prix pour
le péché. Le Christ a obéi à la loi de Dieu en notre nom (justice
active) *et* a souffert la peine de notre désobéissance (justice
passive).

La justice active et la justice passive sont deux aspects
différents de la justice complète et totale de Jésus-Christ ; les
deux sont requises pour notre justification. Pour que nous soyons
déclarés « non coupables », il est nécessaire que nous recevions la
justice passive du Christ à travers sa mort expiatoire. Cependant,
pour que nous soyons considérés positivement justes, nous avons
aussi besoin que la justice active du Christ soit créditée sur notre
compte. Ce n'est pas sa mort expiatoire seule qui nous sauve,
c'est aussi sa vie obéissante.

L'imputation de cette justice n'est pas simplement une « fiction
légale », comme certains l'ont allégué, mais une réalité juridique
basée sur notre connexion spirituelle véritable à Jésus-Christ.
Comme tout autre bénéfice du salut, la justification découle de
notre union avec le Christ. Jésus est notre justice (1 Co 1.30) et
ainsi, c'est par notre position en lui que nous sommes considérés
justes. Comme Calvin l'a expliqué, Jésus-Christ « étant nôtre,
il nous accorde les biens qu'il possède en abondance de façon

parfaite. Je ne pense donc pas que nous devons contempler Jésus-Christ de loin comme s'il était hors de nous afin que sa justice nous soit conférée ; nous sommes, en effet, revêtus de lui et greffés sur son corps, parce qu'il a daigné nous faire un avec lui. Ce dont nous devons nous glorifier, c'est d'être associés à sa justice[17] ».

Le salut dépend ainsi d'une triple imputation : premièrement, par la chute d'Adam, le péché est imputé à la race humaine ; deuxièmement, dans la repentance, le péché d'un croyant est imputé au Christ ; troisièmement, par la foi, la justice du Christ est imputée au pécheur croyant. Paul résume tout ceci dans Romains 5, où il écrit :

> *Comme par une seule offense la condamnation a atteint tous les hommes, de même par un seul acte de justice la justification qui donne la vie s'étend à tous les hommes. Car, comme par la désobéissance d'un seul homme beaucoup ont été rendus pécheurs, de même par l'obéissance d'un seul beaucoup seront rendus justes* (Ro 5.18-19).

L'imputation de la justice justificatrice restaure la droiture que l'humanité a perdue par le péché originel. Il est merveilleux de dire que cette droiture est restaurée sans qu'aucune injustice ne soit commise à l'encontre de la justice du caractère même de Dieu. Dieu s'est occupé de manière juste de notre péché, le punissant en la personne du Christ crucifié. Il s'est aussi occupé de nous de manière juste, nous déclarant justes en Christ. Dieu a accompli cette œuvre justificatrice par la croix, afin de « montrer ainsi sa justice dans le temps présent, de manière à être juste tout en justifiant celui qui a la foi en Jésus » (Ro 3.26).

La justification des pécheurs est donc aussi la justification de Dieu, ou la preuve éclatante de sa justice. Dans la justification, Dieu prouve sa justice en s'occupant des pécheurs de manière aussi juste que miséricordieuse, par la croix. Une transaction s'est produite : notre péché a été imputé au Christ et il a été condamné ; sa justice nous est imputée et nous sommes justifiés.

LE MOYEN DE LA JUSTIFICATION : LA FOI EN CHRIST

Nous avons déjà défini la justification. Nous sommes désormais en mesure d'enrichir un peu notre compréhension par une réflexion théologique supplémentaire :

> La justification signifie un changement permanent dans notre relation judiciaire vis-à-vis de Dieu, par lequel nous sommes absous de la charge de culpabilité et par lequel Dieu pardonne tous nos péchés sur la base de l'œuvre achevée de Jésus-Christ. Hors du Christ, notre relation juridique à Dieu est une relation de condamnation – nous demeurons condamnés à cause de nos péchés, ce qui comprend le péché originel et nos fautes actuelles. Lorsque nous sommes justifiés, notre relation judiciaire à Dieu passe d'une relation de condamnation à une relation d'acquittement[18].

Le *Petit catéchisme de Westminster* propose une définition plus concise :

« La justification est un acte de la libre grâce de Dieu, par lequel il pardonne tous nos péchés, et nous accepte comme justes devant lui ; il fait cela uniquement à cause de la justice de Christ qui nous est imputée et que nous recevons par la foi seule ». « Le petit catéchisme de Westminster » dans *Quel est le but principal de la vie de l'homme ? Les textes de Westminster*, Aix-en-Provence, Kerygma, 1988, p. 73 (art. 33).

La dernière phrase de cette définition est essentielle parce qu'elle identifie la foi comme le seul instrument de la justification. La foi est mentionnée au moins six fois dans Romains 3. On trouve par exemple « la justice de Dieu par la *foi* en Jésus-Christ pour tous ceux qui *croient* » (Ro 3.22), « C'est lui que Dieu a destiné à être par son sang pour ceux qui *croiraient* victime propitiatoire »

(Ro 3.25). Au verset 26, Dieu est décrit comme « justifiant celui qui a la *foi* en Jésus ». Au verset 27, la vantardise est exclue sur le principe de la foi. « Car nous pensons que l'homme est justifié par la *foi*, sans les œuvres de la loi » (Ro 3.28 ; voir aussi 5.1). Ce que souligne ce passage à maintes reprises est essentiel à l'Évangile : nous sommes justifiés *par la foi*.

Les gens se demandent parfois ce qu'ils doivent faire pour se justifier devant Dieu. La réponse est qu'il n'y a rien que nous puissions faire, excepté croire. C'est là que le christianisme diffère de toute autre religion, de toute tentative purement humaine d'atteindre la justice. C'est cette différence qui est si difficile à comprendre pour les non-croyants : n'y a-t-il pas quelque chose que nous pouvons *faire* pour nous rendre assez bons pour Dieu ?

Un exemple frappant de la confiance déplacée de l'humanité dans les œuvres pour se justifier nous est donné par l'épitaphe d'une tombe du Ier siècle :

> Ci-gît Régina... Elle vivra encore, retournera encore à la lumière, car elle peut espérer s'élever à la vie promise, comme une assurance réelle, à la dignité et à la piété, en ce qu'elle a mérité de posséder une demeure dans le pays sacré. Ceci t'a été assuré par ta piété, par ta vie chaste, ton amour pour ton peuple, ton observation de la Loi, ton dévouement à ton mariage, dont la gloire te fut chère. Pour tous ces actes ton espoir pour l'avenir est assuré[19].

L'épitaphe de Régina est typique des personnes religieuses. Elle suppose que les actions justes sont la meilleure garantie que quelqu'un parviendra au ciel. Cependant, quiconque espère gagner l'acceptation de Dieu en gardant la loi est tombé dans un légalisme destructeur de l'âme. Martin Luther n'a pas manqué de le souligner, avec son flair provocateur, quand il a dit que penser que nous pouvons mériter la grâce par nos œuvres est vraiment une manière de « chercher à apaiser Dieu avec des péchés[20] ».

Quand Jésus a expliqué la véritable voie de la justification à ses disciples, il a pris garde de distinguer la foi de l'obéissance. Les disciples ont demandé : « Que devons-nous faire, pour accomplir les œuvres de Dieu ? » Jésus a répondu : « L'œuvre de Dieu, c'est que vous croyiez en celui qu'il a envoyé » (Jn 6.28-29). Le geôlier de Philippes a posé la même question de base à l'apôtre Paul : « Que faut-il que je fasse pour être sauvé ? » Paul a donné la même réponse que Jésus : « Crois au Seigneur Jésus, et tu seras sauvé » (Ac 16.30-31). En d'autres mots, nous ne pouvons rien faire pour nous justifier devant Dieu. La seule justice qu'il accepte vient « sans la loi » (Ro 3.21).

La seule chose à faire pour notre salut est donc de placer notre foi en Jésus-Christ. Si nous lui faisons confiance, ainsi qu'à son œuvre justificatrice à la croix, alors Dieu nous déclarera justes. Nous ne sommes pas acceptables devant Dieu en gardant sa loi mais en faisant confiance au seul homme qui l'ait jamais fait : Jésus-Christ.

La différence entre être justifié en faisant et être justifié en croyant est illustrée de belle manière par la conversion de Martin Luther. Alors qu'il était encore moine, le célèbre théologien fut profondément impressionné par un verset du livre du prophète Habakuk, cité par l'apôtre Paul dans sa lettre aux Galates : « Le juste vivra par la foi » (Ga 3.11 ; voir Ha 2.4).

Luther découvrit ce verset dans le monastère d'Erfurt, bien qu'au début il ait été incertain quant à sa signification. Plus tard, il passa par une période sombre de maladie et de dépression, durant laquelle il imagina qu'il était sous la colère de Dieu. Gisant sur un lit en Italie et craignant de mourir bientôt, Luther se surprit à répéter les mots suivants à maintes reprises : « Le juste vivra par sa foi. Le juste vivra par sa foi ».

Par bonheur, Luther se rétablit et, peu après, se rendit à Rome où il visita l'église Saint-Jean-de-Latran. Le pape avait promis une indulgence pardonnant les péchés à tout pèlerin qui monterait les escaliers de l'église, supposés provenir du prétoire de Ponce Pilate. Croyant que les marches étaient tachées du sang même du Christ, les pèlerins montaient les escaliers sur les genoux, s'arrêtant fréquemment pour prier et embrasser l'escalier saint.

L'histoire de Luther continue dans les paroles de son fils (citées à partir d'un manuscrit préservé dans la bibliothèque de Rudolstadt) : « Tandis qu'il répétait ses prières sur l'escalier de Latran, les mots du prophète Habakuk lui revinrent soudainement à l'esprit : "Le juste vivra par la foi". Là-dessus, il cessa ses prières, retourna à Wittenberg, et prit ce verset comme fondement principal de toute sa doctrine ». Luther ne croyait plus qu'il pouvait faire quoi que ce soit pour gagner la faveur de Dieu et, ce faisant, il commença à vivre par la foi dans le Fils de Dieu. Il dit plus tard :

> Avant que ces mots n'émergent dans mon esprit, je haïssais Dieu et j'étais en colère contre lui... Mais quand, par l'Esprit de Dieu, j'ai compris ces mots – « Le juste vivra par la foi ! » « Le juste vivra par la foi ! » – alors je me suis senti né de nouveau comme un nouvel homme ; je suis entré par les portes ouvertes dans le Paradis même de Dieu[21].

Quand la Bible dit que nous sommes justifiés « par la foi » ou « par le moyen de la foi », elle affirme que la foi est l'instrument de notre justification, le canal par lequel nous recevons la justice de Jésus-Christ. Selon les mots de J. I. Packer, la foi est « la main tendue qui reçoit la justice en recevant le Christ[22] ». De manière similaire, J. C. Ryle définit la foi véritable comme

> tenant la main d'un Sauveur, reposant sur le bras d'un époux, et recevant le remède d'un médecin. [La foi] n'apporte avec elle au Christ que l'âme d'un homme pécheur. Elle ne donne rien, ne contribue à rien, ne paie rien, n'accomplit rien. Elle ne fait que recevoir, prendre, accepter, saisir et embrasser le don glorieux de la justification que le Christ accorde[23].

Cette affirmation signifie qu'à proprement parler, ce n'est pas la foi elle-même (ni même la doctrine de la justification par la foi) qui nous sauve. C'est Christ qui nous sauve, la foi n'étant que le moyen par lequel nous nous approprions le Christ. Selon les mots de Calvin, « Sera dit justifié par la foi, celui qui, étant exclu de la justice des œuvres, saisit par la foi la justice de Jésus-Christ, de laquelle étant vêtu, il apparaît devant la face de Dieu, non pas comme pécheur, mais comme juste[24] ».

Bien que, dans Romains 3, Paul ne dise pas que la justification est « par la foi seule » (du moins pas exactement en ces mots), le passage l'implique clairement, particulièrement à la fin : « Où donc est le sujet de se glorifier ? Il est exclu. Par quelle loi ? Par la loi des œuvres ? Non, mais par la loi de la foi. Car nous pensons que l'homme est justifié par la foi, sans les œuvres de la loi » (Ro 3.27-28 ; voir aussi Ga 2.16).

Si nous étions justifiés par les œuvres, ou même par la foi plus les œuvres, alors le salut serait quelque chose dont nous pourrions nous vanter (voir Ép 2.9). En l'état des choses, cependant, personne ne pourra jamais se vanter d'atteindre le ciel sur la base de ses propres mérites. Nous sommes justifiés sur la base de la vie parfaite et de la mort sacrificielle de Jésus-Christ, et rien de plus ne doit être fait, excepté croire. Pour citer la confession de foi de la *Gospel Coalition* : « Nous croyons que Dieu justifie et sanctifie ceux qui par la grâce ont la foi en Jésus ».

LE BUT DE LA JUSTIFICATION : DES ŒUVRES BONNES POUR LA GLOIRE DE DIEU

Certains pensent que l'apôtre Jacques contredit la doctrine de la justification par la foi seule. Après tout, Jacques soutient que « l'homme est justifié par les œuvres, et non par la foi seulement » (Ja 2.24). Toutefois, ce que dit vraiment Jacques, c'est quelque chose comme ceci : « le fait qu'une personne est justifiée est avéré par ses œuvres et pas simplement par sa foi ». À la différence de Paul, qui devait s'opposer à l'idée populaire que les pécheurs peuvent être sauvés par de bonnes œuvres, Jacques combattait la fausse conception selon laquelle les croyants peuvent complètement se dispenser des œuvres. Pour marquer la différence en termes théologiques, Paul traitait avec des gens qui voulaient faire de la sanctification une partie de la base de leur justification, alors que Jacques s'occupait de personnes qui voulaient être justifiées sans être sanctifiées !

Pour Jacques, comme pour Paul, « justifier » signifie « déclarer juste ». La différence est que dans le cas de Paul, c'est Dieu qui déclare le croyant juste, tandis que dans le cas de Jacques, ce sont les œuvres du croyant qui le déclarent juste en prouvant que sa foi est authentique. Les deux apôtres auraient certainement été d'accord avec Calvin que « c'est la foi seule qui justifie, et pourtant la foi qui justifie n'est pas seule[25] ». La foi et les œuvres ne produisent pas ensemble la justification (foi + œuvres => justification). C'est plutôt la foi qui justifie et produit de bonnes œuvres (foi => justification + œuvres).

Pour l'exprimer encore autrement, la foi qui seule justifie est *une foi qui œuvre*. C'est pourquoi la *Gospel Coalition* termine sa déclaration sur la justification en disant : « Nous croyons que cette justification, accordée gratuitement, produit une obéissance personnelle, publique et zélée ». La véritable doctrine biblique de la justification n'est pas opposée aux œuvres bonnes mais en fait, elle les produit. Notre justification est connectée de manière vitale à notre sanctification.

En ce qui concerne la justification elle-même, l'œuvre du Christ et nos œuvres s'excluent mutuellement. Comme Paul le dit aux Galates : « Ce n'est pas par les œuvres de la loi que l'homme est justifié, mais par la foi en Jésus-Christ » (Ga 2.16). La justification vient donc en croyant plutôt qu'en œuvrant : « À celui qui ne fait point d'œuvre, mais qui croit en celui qui justifie l'impie, sa foi lui est imputée à justice » (Ro 4.5). Là où la justification est concernée, la Bible oppose la foi aux œuvres. Si la justification s'obtient par la foi, alors ce n'est pas par les œuvres. En excluant les œuvres de cette manière, la Bible dit vraiment que la justification s'obtient par la foi seule. En effet, si la justification ne vient pas des œuvres, alors elle ne peut venir que de la foi.

Cette distinction entre la foi et les œuvres a une raison d'être importante qui nous aide à comprendre le but de notre justification dans le plan de Dieu. Si la justification s'obtient par la foi seule, alors la voie biblique de la justification assure que toute la gloire en revient à Dieu seul. Si nous sommes justifiés par l'œuvre salvatrice de Jésus plutôt que par notre œuvre propre, alors tout l'éloge de notre salut revient à Christ, et non à nous. Ainsi le but de la justification, comme de tout autre aspect de l'Évangile, est la gloire de Dieu.

LES BÉNÉFICIAIRES DE LA JUSTIFICATION : DES GENS COMME NOUS

Une des plus belles affirmations de la doctrine biblique de la justification vient du Catéchisme de Heidelberg, qui demande : « Comment es-tu juste devant Dieu ? » (Question 60). La réponse est la suivante :

> Seulement par une vraie foi en Jésus-Christ. Voici comment: ma conscience m'accuse d'avoir gravement péché contre tous les commandements de Dieu, de n'en avoir jamais observé aucun, et d'être encore continuellement enclin à tout mal. Néanmoins, sans aucun mérite de ma part, par pure grâce, Dieu m'offre et m'impute la parfaite satisfaction, justice et sainteté du Christ, comme si je n'avais jamais commis ni eu aucun péché et comme si j'avais moi-même accompli toute l'obéissance que Christ a acquittée pour moi, à la seule condition que je reçoive ce bienfait d'un cœur croyant.

Remarquez que le catéchisme exprime la justification à la première personne. Il nous indique ainsi une vérité importante : si la justification vient par la foi, alors nous devons nous-mêmes croire en Jésus-Christ – personnellement et individuellement – pour être justifiés. La justification n'est pas simplement un principe général à propos de la voie du salut ; elle est un appel à un engagement de foi personnel envers le Christ car sans lui, nous sommes voués à la condamnation. En effet, la Bible avertit que « celui qui ne croit pas est déjà jugé, parce qu'il n'a pas cru au nom du Fils unique de Dieu » (Jn 3.18). Et pourtant, le même verset promet aussi que « celui qui croit en lui n'est point jugé ». Si nous voulons donc être justifiés et non condamnés, nous devons placer notre foi en Jésus-Christ.

Pour nous qui croyons, le verdict final de Dieu – « juste pour toute éternité » – constitue notre propre expérience pour le temps présent. L'Écriture dit : « Étant donc justifiés par la foi, nous avons la paix avec Dieu par notre Seigneur Jésus-Christ » (Ro 5.1). Notre position légale a déjà été décidée. Nous ne pouvons jamais être « dé-justifiés ». Nous sommes acceptables pour Dieu dès maintenant et pour toujours, à la gloire de Dieu. Le jour du jugement confirmera ce que Dieu a déjà déclaré : « Il n'y a donc maintenant aucune condamnation pour ceux qui sont en Jésus-Christ » (Ro 8.1).

Le poète William Cowper a expérimenté la joie de la foi par laquelle la justification se produit. Il avait longtemps souffert de dépression et vécut pour un temps dans un asile pour malades mentaux où les conditions étaient épouvantables. En dépit de tous ses tourments physiques et psychologiques, ses souffrances les plus aiguës étaient spirituelles car il se considérait lui-même comme un pécheur condamné. Vint pourtant le jour où Cowper trouva son remède légal dans le message salutaire de la justification par la foi seule. Voici l'histoire qu'il raconte :

> L'instant heureux qui devait me débarrasser de mes entraves et me permettre de m'ouvrir clairement à la miséricorde gratuite de Dieu en Jésus-Christ était désormais arrivé. Je me jetai sur une chaise proche de la fenêtre et, voyant une Bible à cet endroit,

m'aventurai une fois de plus à m'y appliquer en vue de trouver réconfort et instruction. Les premiers versets que je vis se trouvaient dans le troisième chapitre de l'épître aux Romains : « ils sont gratuitement justifiés par sa grâce, par le moyen de la rédemption qui est en Jésus-Christ. C'est lui que Dieu a destiné à être par son sang pour ceux qui croiraient victime propitiatoire, afin de montrer sa justice ». Immédiatement, je reçus la force de croire et les pleins rayons du Soleil de Justice brillèrent sur moi. Je vis que l'expiation qu'il avait accomplie était suffisante, je vis aussi mon pardon dans son sang, la plénitude et l'achèvement complet de sa justification. En un moment je crus et reçus l'Évangile[26].

Ce don de justice est disponible pour quiconque croit et reçoit l'Évangile. Par le don gratuit de sa grâce, Dieu offre une pleine et complète justification sur la base de l'œuvre expiatoire de Jésus-Christ. Quiconque a la foi en Jésus-Christ sera déclaré juste pour toujours à la barre de la justice éternelle de Dieu.

POUR ALLER PLUS LOIN

Buchanan, James. *The Doctrine of Justification*. Réimpression, Grand Rapids, MI: Baker, 1955.

Carson, D. A., éd. *Right with God: Justification in the Bible and the World*. Exeter: Paternoster; Grand Rapids, MI : Baker, 1992.

Piper, John. *The Future of Justification: A Response to N. T. Wright*. Wheaton, IL: Crossway, 2007.

Sproul, R. C. *Faith Alone: The Evangelical Doctrine of Justification*. Grand Rapids, MI: Baker, 1995.

Vickers, Brian. *Jesus' Blood and Righteousness: Paul's Theology of Imputation*. Wheaton, IL: Crossway, 2006.

L'Éditeur de la version française vous conseille aussi :

Wayne Grudem. *Théologie systématique. Introduction à la doctrine biblique*. Charols, Excelsis, 2010, p. 796-810.

Henri Blocher. *La doctrine du péché et de la rédemption*. Vaux-sur-Seine, Edifac, 2000, p. 283-300.

NOTES

1. Donald Smarto, *Pursued: A True Story of Crime, Faith, and Family* (Downers Grove, IL: InterVarsity, 1990), p. 105.

2. Ibid., p. 105-6.

3. Ibid., p. 119-20.

4. James Buchanan, *The Doctrine of Justification* (1867 ; réimp., Grand Rapids, MI: Baker, 1955), p. 222.

5. Leon Morris, *The Apostolic Preaching of the Cross*, 3ᵉ édition (Grand Rapids, MI: Eerdmans, 1965), p. 251.

6. Jean Calvin, *Institution de la religion chrétienne* (Kerygma, Excelsis, 2009), 3.11.1.

7. Thomas Cranmer, « Sermon on Salvation» dans *First Book of Homilies* (1547; réimp., London : SPCK, 1914), p. 25-26.

8. Martin Luther, *What Luther Says: A Practical In-Home Anthology for the Active Christian*, Ewald M. Plass (St. Louis, MO: Concordia, 1959), p. 705 et 715.

9. Luther, *What Luther Says*, p. 704.

10. Morris, *Apostolic Preaching of the Cross*, p. 260.

11. Thomas Cranmer, cité dans Edmund P. Clowney, « The Biblical Doctrine of Justification by Faith » dans *Right with God: Justification in the Bible and the World*, sous la direction de D. A. Carson (Exeter: Paternoster, 1992), p. 17.

12. Thomas Chalmers, cité dans Donald Grey Barnhouse, *The Invisible War* (Grand Rapids, MI: Zondervan, 1965), p. 116.

13. John R. W. Stott, *La Croix de Jésus-Christ*, trad. Antoine Doriath (Grâce et vérité, 1988).

14. Ibid., p. 183.

15. Ibid., p. 196.

16. Smarto, *Pursued*, p. 122.

17. Calvin, *Institution de la religion chrétienne*, 3.11.10.

18. Anthony A. Hoekema, *Saved by Grace* (Grand Rapids, MI: Eerdmans, 1989), p. 178.

19. Pieter W. Van Der Horst, « Jewish Funerary Inscriptions » *Biblical Archaeology Review* 18:5 (1992): p. 55.

20. Martin Luther, *Commentaire de l'épître aux Galates* (Labor et Fides, 1969 et 1972).

21. Martin Luther, cité dans James Montgomery Boice, *The Minor Prophets: An Expositional Commentary*, 2 vols. (Grand Rapids, MI : Kregel, 1996), 2:91-92.

22. « Justification » in Evangelical Dictionary of Theology, 2ᵉ édition, sous la direction de Walter A. Elwell (Grand Rapids, MI: Baker, 2001), p. 646.

23. J.C. Ryle, *Justified!*, Home Truths, Second Series (London: S. W. Partridge, 1854-71), p. 12.

24. Calvin, *L'Institution chrétienne*, 3.11.2.

25. Jean Calvin, *Les Actes du concile de Trente, avec le remède contre le poison* (S.l., 1548), 3:152.

26. William Cowper, cité dans James Montgomery Boice, *Romans*, 4 vols. (Grand Rapids, MI: Baker, 1991), 1:372.

SANDY WILLSON

(Maîtrise en théologie, Gordon-Conwell Theological Seminary) est pasteur principal à l'Église *Second Presbyterian* de Memphis, au Tennessee. Il est aussi cofondateur et membre du conseil d'administration du *Memphis Center of Urban Theological Studies* et siège au conseil de direction du *World Relief.*

La rédemption accomplie par le Christ

SANDY WILLSON

Nous croyons que, mû par l'amour et pleinement obéissant à la volonté de son Père, le Fils éternel s'est fait homme : la Parole a été faite chair, pleinement Dieu et pleinement homme, une seule et même Personne en deux natures. L'homme Jésus, le Messie promis d'Israël, fut conçu par l'intervention miraculeuse du Saint-Esprit et naquit de la vierge Marie. Il obéit parfaitement à son Père céleste, mena une vie exempte de péché, accomplit des signes miraculeux, fut crucifié sous Ponce Pilate, ressuscita corporellement d'entre les morts le troisième jour et remonta au ciel. En tant que Roi, le Christ s'est assis à la droite de Dieu le Père, exerçant dans le ciel et sur la terre toute la souveraineté de Dieu, et en tant que Médiateur, il est notre Souverain Sacrificateur et notre juste Avocat. Nous croyons que par son incarnation, sa vie, sa mort, sa résurrection et son ascension, Jésus-Christ a agi comme notre représentant et notre substitut. Il l'a fait pour qu'en lui nous devenions justice de Dieu : sur la croix, il a annulé le péché, rendu Dieu propice et, en subissant le plein châtiment de nos péchés, il a réconcilié avec Dieu tous ceux qui croient. Par sa résurrection, le Christ Jésus a été justifié par son Père, il a brisé le pouvoir de la mort et vaincu Satan qui détenait ce pouvoir, et il a communiqué la vie éternelle à tous les siens ; par son ascension, il a été éternellement exalté comme Seigneur et nous a préparé une place pour que nous soyons avec lui. Nous croyons que le salut ne se trouve en aucun autre, car il n'a été donné sous le ciel aucun autre nom par lequel nous devions être sauvés. Parce que Dieu a choisi les choses humbles de ce monde, les choses méprisées, celles qui ne sont pas, afin de réduire à néant celles qui sont, aucun être humain ne pourra jamais se glorifier devant lui ; le Christ Jésus est devenu pour nous sagesse de Dieu, c'est-à-dire notre justice, notre sainteté et notre rédemption.

– Confession de foi de la *Gospel Coalition*.

Quand l'un de mes fils a obtenu sa licence, la coutume, dans son école, voulait que l'on organise une soirée spéciale la veille de la remise des diplômes. Traditionnellement, un prédicateur de l'Évangile prononçait un sermon au cours de cette soirée. De nos jours, cependant, à moins que l'institution ne soit évangélique, personne ne s'attend plus à ce qu'un sermon soit prêché et je ne m'attendais pas à ce qu'il y en ait un ce soir-là. On avait pourtant invité un rabbin juif, que je connaissais, à prononcer une allocution. C'était un homme brillant, charmant et très intéressant, et je n'ai pas été surpris de trouver son discours enthousiasmant, concret et profond. En réalité, c'est le meilleur discours dont je me souvienne ; j'étais d'accord avec tout ce qu'il disait, sans restriction.

Par la suite, je me suis mis à réfléchir sur la manière dont on prêche la Parole chez les chrétiens aujourd'hui. Les prédications sont en général bien moins intéressantes que celle du rabbin et elles ne contiennent souvent rien qu'il pourrait désapprouver. Malheureusement, de nombreux sermons prononcés à la télévision, à la radio ou en chaire sont dépourvus de doctrines clairement chrétiennes. Ces sermons consistent souvent à être pleins de « bon sens » et les gens de bonne volonté sont généralement en accord avec ce qu'ils enseignent. Nous offrons souvent la même sagesse pratique que des non-chrétiens, sauf que nous nous référons à une histoire ou à une vérité biblique. Mon ami rabbin utilise, lui aussi, des histoires et des principes de l'Ancien et du Nouveau Testament, et il le fait avec brio. Alors, qu'est-ce qui devrait distinguer l'enseignement chrétien ?

La prédication chrétienne doit avant tout porter sur Jésus-Christ et ce qu'il a fait pour racheter son peuple. L'Évangile proclame Christ. L'Évangile glorifie Dieu le Père en glorifiant Christ. Si nous comprenons mal ou si nous interprétons mal l'identité de Christ et ce qu'il a fait, nous compromettons notre salut éternel. C'est pour cela que notre déclaration sur Jésus-Christ et sur sa grande œuvre de rédemption se trouve au centre de la Confession de foi de la *Gospel Coalition*. C'est là le cœur de ce que nous enseignons, de ce que nous prêchons et de ce que nous recommandons.

CHRIST, LE FILS ÉTERNEL

« Nous croyons que, mû par l'amour et pleinement obéissant à la volonté de son Père [...] ».

Dès le départ, notre Confession de foi aborde la question : « Pourquoi Jésus-Christ a-t-il fait ce qu'il a fait ? » La Bible nous enseigne qu'il n'y a qu'une seule explication : Jésus-Christ nous aime, non à cause de qui nous sommes mais à cause de qui il est. On ne peut saisir qui est Jésus-Christ en dehors de l'amour. L'amour est le moteur de tout ce qu'il a fait. Si on est incapable de recevoir de l'amour, on ne peut pas recevoir Christ. Si on est incapable de donner de l'amour, on ne peut pas servir Christ. Derrière toutes ses paroles et ses actes, derrière son grand sacrifice accompli pour nous, se trouve son amour immérité et absolu à notre égard.

Ce qui rend cet amour si extraordinaire est que Jésus-Christ, avant de venir sur la terre, existait en tant que deuxième personne de la Trinité, étant le Fils éternel de Dieu. Jean dit : « Au commencement était la Parole, et la Parole était avec Dieu, et la Parole était Dieu » (Jn 1.1). Jean l'appelle aussi le « Fils unique » (Jn 1.14). Il était « avant tous les siècles [...] Dieu né de Dieu, lumière née de la lumière » (Credo de Nicée-Constantinople). De toute éternité, il était parfaitement heureux, égal à Dieu le Père et à Dieu le Saint-Esprit. Il n'avait pas besoin d'amis, car il était en intime et parfaite communion avec son Père et il jouissait ainsi de la félicité éternelle.

L'amour qui l'a poussé à quitter cet environnement béni pour venir sur la terre est un amour – pour nous ! – qu'il partage avec son Père de toute éternité. Jésus a dit qu'il était venu faire la volonté de son Père, et son Père veut que son peuple soit racheté. Le Fils de Dieu participe totalement à cette intention remplie d'amour – un amour si pur, si puissant et si miséricordieux que jamais hommes et anges ne pourront le saisir pleinement.

CHRIST, NOTRE HUMBLE SAUVEUR

« [...] le Fils éternel s'est fait homme [...]. »

L'humilité est une des caractéristiques les plus remarquables de Jésus-Christ. Personne ne peut comprendre le degré d'humilité requis pour quitter le trône céleste et naître sur la terre d'une pauvre paysanne. Des milliers de cantiques et de poèmes ont été écrits pour essayer de rendre cette réalité incroyable.

> Riche au-delà de toute splendeur,
> Par amour, tu t'es fait pauvre ;
> Tes trônes tu as abandonnés pour une crèche,
> Tes palais pavés de saphirs pour une étable.
> Riche au-delà de toute splendeur,
> Par amour, tu t'es fait pauvre[1].

Paul exprime la même idée quand il dit : « existant en forme de Dieu, il n'a point regardé son égalité avec Dieu comme une proie à arracher, mais il s'est dépouillé lui-même, en prenant une forme de serviteur, en devenant semblable aux hommes ; et il a paru comme un vrai homme, il s'est humilié lui-même, se rendant obéissant jusqu'à la mort, même jusqu'à la mort de la croix » (Ph 2.6-8).

Une telle humilité était requise pour que les êtres humains soient sauvés de leur sort. Notre situation était telle qu'aucun effort humain ne pouvait nous racheter. Nous ne pouvions en aucun cas faire ce que Jésus a accompli pour nous. Notre seul espoir d'être sauvés était que Dieu consente à s'abaisser à notre misérable condition, dans notre monde brisé. Il lui fallait venir nous chercher et c'est exactement ce qu'il a fait.

On peut diviser la vie de Jésus-Christ en deux séquences historiques : son humiliation et son exaltation. Quand on parle de son humiliation, on inclut habituellement son incarnation, sa parfaite soumission à la loi de Dieu, ainsi que sa souffrance, sa mort, et son ensevelissement. Nous suivons la même séquence dans notre Confession de foi. Comme chacun des éléments de son humiliation est indispensable à la rédemption du peuple de Dieu, il est juste et bon pour nous de croire en eux, de les contempler, de les célébrer et de vivre à la lumière de ce que signifie chacun d'eux.

Son incarnation

« […] la Parole a été faite chair, pleinement Dieu et pleinement homme, une seule et même Personne en deux natures. L'homme Jésus, le Messie promis d'Israël, fut conçu par l'intervention miraculeuse du Saint-Esprit et naquit de la vierge Marie. »

La conception et la naissance de Jésus-Christ sont non seulement hors du commun et miraculeuses, mais elles sont aussi *sui generis* (de leur propre genre ; uniques). Il est vrai que l'Ancien Testament relate des conceptions et des naissances assez singulières, dont l'exemple le plus frappant concerne Abraham (quatre-vingt-dix-neuf ans) et Sarah (quatre-vingt-dix ans) qui ont donné naissance à Isaac. On trouve aussi dans la Bible la naissance particulière de Samuel (1 S 1), celle de Samson (Jg 13) et celle de Jean-Baptiste (Lu 1) ; mais toutes ces naissances, comme n'importe quelle naissance, ont impliqué un père et une mère humains.

Seul Jésus de Nazareth a été conçu et est né d'une femme et de Dieu. De tout temps, certains ont affirmé et affirment encore que la doctrine de la conception virginale est sympathique mais pas essentielle, qu'elle ne vaut pas la peine qu'on en débatte, ni même qu'on s'en préoccupe. Malgré cela, le grand théologien Athanase (296-373 apr. J.-C.) a enseigné qu'il était nécessaire que Christ soit pleinement humain car Dieu ne pouvait racheter que ce que Christ est devenu. Si donc Christ n'était pas entièrement humain, les humains n'auraient pas pu être entièrement rachetés. Anselme (1033-1109 apr. J.-C.) a enseigné que Christ doit être pleinement Dieu pour que son sacrifice soit suffisant pour racheter tout le peuple de Dieu ; faute de quoi, un homme pourrait, au mieux, se substituer à une seule autre personne.

Nous croyons à cette doctrine encore aujourd'hui parce qu'Anselme et Athanase l'ont enseignée, certes, mais surtout parce que Matthieu et Luc l'enseignent aussi dans leurs écrits inspirés de Dieu (Mt 1 ; Lu 1 – 2). Comment peut-on saisir à quel point Christ s'est humilié en s'incarnant ? Si Bill et Melinda Gates quittaient leur luxueuse demeure de la côte ouest américaine pour élire résidence dans le bidonville de Kibera à Nairobi, au Kenya, ils seraient encore loin du renoncement que Jésus a enduré en prenant une forme humaine. Oh ! Combien notre Sauveur nous aime !

Sa parfaite soumission au Père

« Il obéit parfaitement à son Père céleste, mena une vie exempte de péché, accomplit des signes miraculeux […]. »

Il n'y a pas si longtemps, notre Église de Memphis (Tennessee), *Second Presbyterian*, nous a accordé, à mon épouse et moi, un congé sabbatique d'un mois, et nous en avons profité pour voyager un peu. Chaque dimanche, nous avons fréquenté une Église différente. J'ai été consterné d'entendre deux prédicateurs, deux dimanches de suite, à des centaines de kilomètres de distance, présenter des excuses à l'assemblée pour l'impatience, l'irritabilité et l'insensibilité que manifeste Christ. Je n'en croyais pas mes oreilles. Pour qui se prennent ces prédicateurs ? Saisissent-ils toute l'ampleur de leur hérésie ? Se rendent-ils compte que, si Christ avait péché de quelque manière, il aurait été un sacrifice « impur », indigne d'expier nos péchés ?

Mais – que Dieu soit loué ! –, la Bible déclare que Christ est un sacrifice suffisant pour nous racheter. Bien que tenté comme nous en toutes choses, il n'a jamais péché – que ce soit en pensée, en parole ou en actes. Sa vie n'est pas seulement un sacrifice qui couvre entièrement nos fautes ; il s'est aussi placé volontairement sous la loi, nous enseigne la Bible, afin d'accomplir pour nous tout ce que notre premier ancêtre, Adam, n'a pas réussi à faire. Jésus est « né sous la loi » (Ga 4.4-7), il a été circoncis (Lu 2), il a eu des parents (Lu 2) et il a été baptisé par Jean (Jn 1) pour satisfaire toute justice en notre nom.

Ses souffrances, sa mort, et son ensevelissement

« [...] fut crucifié sous Ponce Pilate [...]. »

Jésus a beaucoup souffert durant les trois années de son ministère : par les requêtes des pauvres, des malades et des endeuillés, le mépris des chefs religieux, l'incrédulité de ses propres disciples et la brutalité des occupants romains en Israël. Mais sa plus grande souffrance lui a été infligée par son propre Père. La nuit précédant sa crucifixion, dans le jardin de Gethsémané, torturé par le stress et l'angoisse, il a prié : « Père, si tu voulais éloigner de moi cette coupe ! Toutefois, que ma volonté ne se fasse pas, mais la tienne » (Lu 22.42). Puis, sur la croix, il a accompli le psaume messianique (Ps 22), en criant à son Père : « Mon Dieu, mon Dieu, pourquoi m'as-tu abandonné ? » (Mt 27.46)

Pourquoi Dieu permettrait-il, voire prédestinerait, un tel simulacre de justice (Ac 2.22-23) ? Le Coran propose une réponse : Jésus ne serait pas mort. C'est quelqu'un d'autre qui ressemblait à Jésus (Judas) qui serait en fait mort. Le Coran ne peut concevoir qu'un prophète aussi intègre que Jésus puisse avoir été humilié à ce point ; Dieu ne l'aurait jamais permis. Mais aussi étonnant que cela puisse paraître, Dieu l'a non seulement permis mais il l'a décrété de toute éternité (1 Pi 1.19-20). Jésus, par amour pour nous, a souffert l'ultime humiliation d'être flagellé et crucifié comme un vulgaire criminel. *Incroyable amour ! Comment se peut-il que toi, mon Dieu, tu sois mort pour moi ?*

CHRIST, NOTRE SEIGNEUR EXALTÉ

Le samedi suivant la crucifixion de Jésus, on peut imaginer le désarroi des disciples. Ils avaient cru qu'il était le Messie tant attendu. Or, tout le monde sait que les messies règnent ; et pour régner, ils doivent être vivants. Mais Jésus était mort. Sa mort démentait tout ce qu'ils avaient vu et entendu de lui durant les trois années où ils l'avaient suivi.

Ils avaient servi à ses côtés, mangé, dormi, prié avec lui ; ils n'avaient jamais entendu une mauvaise parole, vu une mauvaise attitude ou un manque d'amour envers les nécessiteux ; ils ne l'avaient jamais vu pris de court face aux scribes et aux pharisiens. Ils l'avaient vu calmer le vent et les vagues, chasser les démons, guérir les aveugles et même ressusciter les morts. Ils l'appelaient « le Christ », et il leur a certifié que c'était l'Esprit Saint qui leur avait révélé cette vérité. Tout concourait à ce qu'il soit le Messie. Comment pouvait-il être mort ? Un « messie mort » est un oxymore, tout comme de la « glace brûlante ».

Le dimanche matin suivant le vendredi de sa crucifixion, quelques femmes se sont rendues à la tombe de Jésus pour prendre soin de ses restes et les honorer avec des aromates. Elles ont été les premiers témoins connus du plus grand revirement de fortune de l'histoire de l'humanité. Jésus était passé par la mort. Maintenant il était vivant ! Ce que les théologiens appellent l'exaltation de Christ était arrivé. L'exaltation de Christ englobe sa résurrection, son ascension, sa session (c'est-à-dire le fait qu'il se soit assis à la droite de Dieu) et son retour futur dans la gloire.

Sa résurrection

« […] ressuscita corporellement d'entre les morts le troisième jour […]. »

La résurrection de Jésus-Christ est le couronnement du travail de rédemption de Dieu ; elle est plus splendide que la séparation de la mer Rouge, plus grandiose que l'ébranlement du mont Sinaï, plus formidable que l'écroulement des murs de Jéricho, plus impressionnante que la victoire de David sur Goliath. L'avenir de l'ordre établi repose sur cette action de Dieu. L'espoir de tous les croyants repose sur la réalité historique de cet événement.

La résurrection de Christ n'est pas, comme certains le prétendent, une simple image ou une sorte de « résurrection spirituelle » ; c'est la résurrection physique d'un corps qui a agonisé et qui est mort sur le bois du Calvaire. C'est exactement ce que les premiers apôtres ont puissamment, courageusement et inlassablement proclamé : « Dieu a fait Seigneur et Christ ce Jésus que vous avez crucifié » (Ac 2.36). Les disciples étaient donc euphoriques parce que Jésus, leur Seigneur, était complètement justifié et exalté au plus haut point : « déclaré Fils de Dieu avec puissance, selon l'Esprit de sainteté, par sa résurrection d'entre les morts, Jésus-Christ notre Seigneur » (Ro 1.4).

Son ascension

« […] et remonta au ciel. »

Les disciples étaient heureux non seulement de savoir Jésus vivant, mais aussi de le voir monter au ciel (Lu 24 ; Ac 1). Par la croix et par son tombeau vide, il a vaincu tous ses ennemis et les nôtres. Et voilà que sous leurs yeux, il remonte au ciel en tant que Roi. Il ne sera plus jamais l'objet de l'orgueil des pharisiens, des complots des sadducéens ou de la cruauté des Romains. Il ne sera plus jamais maltraité par Caïphe, Pilate et leurs valets – ou par le Diable lui-même. Il est monté à la droite de Dieu, en sécurité, heureux et Roi pour l'éternité.

Regardez, vous les saints, la splendeur du spectacle :
Regardez l'homme de douleur maintenant ;
De la bataille, il est revenu victorieux,
Tout genou fléchira devant lui ;
Couronnez-le, couronnez-le,
Couronnez-le, couronnez-le,
Les couronnes sont l'apanage du vainqueur,
Les couronnes sont l'apanage du vainqueur [...].

Écoutez, ce tonnerre d'acclamations !
Écoutez, tous ces échos triomphants !
Jésus occupe la place d'honneur ;
Ô quelle joie que ce spectacle !
Couronnez-le, couronnez-le,
Couronnez-le, couronnez-le,
Roi des rois, Seigneur des seigneurs !
Roi des rois, Seigneur des seigneurs[2] !

Assis à la droite de Dieu

« En tant que Roi, le Christ s'est assis à la droite de Dieu le Père, exerçant dans le ciel et sur la terre toute la souveraineté de Dieu, et en tant que Médiateur, il est notre souverain Sacrificateur et notre juste Avocat. »

Il y a quelques années, j'ai dirigé un groupe de prière composé de pasteurs, de missionnaires et de leurs épouses. Avant de prier, je leur ai demandé de fermer les yeux et de s'imaginer Jésus-Christ. Après quelques instants, je leur ai demandé de partager ce qu'ils « voyaient » dans leur tête. Pour l'un, il aimait et bénissait les petits enfants ; pour un autre, il enseignait la foule ; pour un autre encore, il multipliait les pains et les poissons ; et pour un dernier, il priait dans le jardin de Gethsémané.

En y réfléchissant, nous avons compris quelque chose d'important (outre le fait que la plupart des images qui nous venaient à l'esprit étaient des images qu'on peut retrouver dans notre vieille Bible familiale) : nous avons tous imaginé Christ avant son ascension. Nous ne pensions pas à Jésus tel qu'il *est* mais tel qu'il *a été*. L'exaltation de Christ n'est pas qu'une réalité historique, c'est aussi une réalité actuelle. Jésus n'est plus revêtu de chair périssable mais de gloire impérissable. Quand l'apôtre Jean, dans une vision, a vu Jésus tel qu'il est, il est tombé comme mort. Dieu seul pouvait le ranimer (Ap 1.17).

C'est ce Christ extraordinairement rayonnant et glorieux que Jean a appris à connaître, à aimer, à adorer et à servir. Christ règne maintenant en tant que Roi médiateur. Il intercède pour nous, règne sur nous et plaide en notre faveur. Il a revêtu notre chair jusqu'au sein de la Trinité où nous sommes parfaitement représentés et continuellement protégés. Nous n'avons donc absolument rien à craindre, si ce n'est Dieu lui-même (Mt 10.28).

Son retour dans la gloire

Christ va revenir dans la gloire pour achever toutes choses et occuper la place qui lui revient en tant que Roi et Seigneur exalté, en qui et sous l'autorité de qui tout l'univers se réunira pour le louer à jamais (Ép 1.10).

CHRIST, NOTRE REPRÉSENTANT ET NOTRE SUBSTITUT

« Nous croyons que par son incarnation, sa vie, sa mort, sa résurrection et son ascension, Jésus-Christ a agi comme notre représentant et notre substitut. Il l'a fait pour qu'en lui nous devenions justice de Dieu [...]. »

Ce que nous avons abordé dans ce chapitre concernant Jésus-Christ suffirait amplement pour le louer et l'adorer : sa divinité éternelle, sa soumission aimante à la volonté de son Père, son humilité et son incomparable gloire à la droite de Dieu. Mais en plus, la Bible donne bien d'autres raisons personnelles de l'aimer et le servir. Tout ce qu'il a fait, il l'a fait *pour nous*.

Il est né dans ce monde pour nous (Ga 4.4-7) ; il a été crucifié pour nos péchés (Ga 3.13) ; il est ressuscité pour notre justification (Ro 4.25) ; il est monté au ciel pour nous préparer une place (Jn 14.12). Ce que Christ a fait, nous enseignent les Écritures , il l'a fait en tant que substitut. Il a fait à notre place ce que nous ne pouvions faire nous-mêmes. Cette substitution est au cœur de la foi chrétienne et, sans elle, l'Évangile perd la puissance qui le rend unique.

De nombreuses religions enseignent que nous devons nous amender. Certaines nous proposent même de grands modèles à imiter : Abraham et Moïse dans le judaïsme, Jésus dans le christianisme, Mohammed dans l'islam, Bouddha et le Dalaï Lama dans le bouddhisme, Confucius dans le confucianisme, etc. Mais une seule religion (le christianisme évangélique) nous enseigne que quelqu'un d'autre a déjà, à notre place : 1) vécu de la bonne manière ; 2) pris sur lui la punition que nous méritions pour tous nos péchés ; 3) acquis la résurrection et l'exaltation, si bien que nous sommes déjà spirituellement assis à la droite de Dieu. Voilà le grand mystère de la foi chrétienne (Col 1.26 ; 1 Ti 3.16) : Jésus est notre substitut, il a vécu et il est mort à notre place, et en lui nous sommes devenus justice de Dieu (2 Co 5.21).

Une vie exempte de péchés pour nous

La Bible nous enseigne que le premier homme, Adam, était en fait notre premier représentant (Ro 5.12). S'il réussissait dans ce rôle, nous réussirions ; s'il échouait, nous échouerions. Il a échoué. Nous avons échoué. Il a péché, alors nous avons péché. Il est devenu pécheur, alors nous sommes pécheurs. Cela vous semble injuste ? Pensez-vous que vous auriez fait mieux que lui ? Et voilà que votre orgueil prouve une fois de plus que vous êtes pécheurs.

Pourtant, cette histoire est belle car immédiatement après la chute de l'homme, Dieu a promis un nouveau représentant, un descendant d'Ève qui un jour écraserait Satan, notre ennemi (Ge 3.15). Jésus est ce descendant, le second Adam. Il a vécu de façon parfaite pour nous et, quand nous plaçons notre confiance en lui, nous recevons tous les bénéfices de sa vie parfaite, de son obéissance parfaite au Père. Tout ce qu'il a fait est porté à notre compte. Quand Dieu analyse la vie des chrétiens, il voit les exploits que son Fils bien-aimé a accomplis. Nous sommes revêtus de Christ, et Dieu nous a imputé les mérites de la vie parfaite de son Fils. Voilà une vérité merveilleuse : Jésus a vécu une vie exempte de péchés *pour nous*.

Une mort douloureuse pour nous

On sous-estime trop souvent l'étendue de nos problèmes moraux et spirituels. Depuis la chute d'Adam, nous sommes des pécheurs placés sous la colère divine ; notre nature humaine est entièrement corrompue ; nous sommes exclus de la présence de Dieu, étant devenus ses ennemis ; et nous sommes moralement et spirituellement incapables de changer et de nous sauver nous-mêmes. Seule la mort substitutive de notre Seigneur Jésus-Christ peut résoudre ces problèmes tragiques.

Jésus est mort à notre place. Il ne méritait pas de mourir. Contrairement à nous. Il est mort parce que Dieu, pour sa propre gloire et dans sa grâce infinie envers nous, a imputé nos péchés à son Fils bien-aimé. Et Jésus-Christ, par sa mort sacrificielle (son propre sang), a porté nos péchés dans son corps, les éloignant de nous. En voyant Jésus, Jean-Baptiste a dit : « Voici l'Agneau de Dieu, qui ôte le péché du monde » (Jn 1.29, 36). Jésus-Christ a expié (enlevé) nos péchés en les prenant sur lui. « Celui qui n'a point connu le péché, il l'a fait devenir péché pour nous, afin que nous devenions en lui justice de Dieu » (2 Co 5.21).

Paul explique pourquoi Jésus est vraiment mort sur une croix en bois : « Christ nous a rachetés de la malédiction de la loi, étant devenu malédiction pour nous – car il est écrit : Maudit est quiconque est pendu au bois » (Ga 3.13). En devenant malédiction pour nous, Jésus-Christ a satisfait la juste colère de Dieu contre tous ceux qui pèchent ; c'est le sacrifice de « propitiation » que Christ a offert à Dieu. Il a détourné la colère de Dieu loin de nous. Il a satisfait aux exigences de la justice de Dieu. Ce sacrifice substitutif est essentiel à notre salut car « celui qui croit au Fils a la vie éternelle ; celui qui ne croit pas au Fils ne verra point la vie, mais la colère de Dieu demeure sur lui » (Jn 3.36).

Paul nous décrit dans notre condition naturelle après la chute comme étant « morts par vos offenses et par vos péchés [...] par nature des enfants de colère » (Ép 2.1, 3). Mais alors que nous étions encore des pécheurs, des ennemis de Dieu, Christ est mort pour nous (Ro 5.8). Au bout du compte, le sang de Christ, sa mort en sacrifice pour nous, nous réconcilie avec Dieu, de sorte que nous retrouvons avec lui la communion intime que nous avions perdue dans le jardin d'Éden à cause de notre péché. Paul l'exprime ainsi : « Et tout cela vient de Dieu, qui nous a réconciliés avec lui par Christ, et qui nous a donné le ministère de la réconciliation. Car Dieu était en Christ, réconciliant le monde avec lui-même en n'imputant point aux hommes leurs offenses, et il a mis en nous la parole de la réconciliation » (2 Co 5.18-19). Sa mort atroce a eu lieu *pour nous*.

Une résurrection triomphante, pour nous

À cause de nos péchés, nous sommes devenus sujets à toutes les souffrances de ce monde, à la mort et à la damnation éternelle. En se substituant à nous dans son œuvre de rédemption, Jésus a vaincu le péché, la mort, ainsi que toutes les principautés et toutes les puissances qui cherchent à nous détruire. Par sa résurrection, nous sommes finalement justifiés à jamais devant Dieu et nous sommes ressuscités pour la vie éternelle. En plaçant notre foi en Jésus-Christ, nous sommes déjà spirituellement élevés avec lui, et un jour, comme lui, nous revêtirons un corps glorieux. Notre avenir est lié à lui : tout comme notre humiliation est devenue son humiliation, son exaltation devient notre exaltation. Nous sommes ressuscités ; nous montons dans la présence de Dieu ; nous régnons avec Christ ; et, comme lui, nous aurons un jour un corps glorifié. Sa résurrection triomphante était *pour nous*.

Une ascension glorieuse, pour nous

Quand il était avec ses disciples dans la chambre haute, Jésus savait que l'annonce de son départ allait les angoisser. Il leur a expliqué que ce départ était une bonne chose, pour deux raisons. D'abord, il leur enverrait le Saint-Esprit, le Conseiller, pour les guider, les encourager et les enseigner. Ensuite, il allait dans la maison de son Père pour leur préparer une place.

Quand j'étais enfant, j'aimais beaucoup rendre visite à ma grand-mère maternelle. Nous passions quelques jours dans sa petite maison, au moins une fois par an. C'était une femme toute simple qui vivait dans un petit village rustique des Smoky Mountains. Qu'est-ce qui pouvait bien attirer un enfant de huit ans dans un endroit sans télé, sans terrain de basketball, sans jouets modernes, avec seulement une épicerie au bout de la rue ? Simplement la pensée que grand-mère nous attendait depuis des mois. À notre arrivée, elle nous attendait sur le perron. Nous courions vers elle pour qu'elle nous serre dans ses bras. Elle avait un surnom pour chacun de nous. Nous montions dans notre chambre recouverte d'un toit de tôle, qui chantait le soir quand il pleuvait, et ensuite nous étions comblés de tous les plats et desserts succulents qu'elle nous avait préparés. Nous partions en randonnées, en excursions, et participions à des activités simples que grand-mère avait planifiées. Mais par-dessus tout, nous savourions simplement l'amour absolu, joyeux et inlassable que nous manifestait la mère de notre mère.

Si ma grand-mère de soixante-quinze ans, avec ses ressources et son imagination limitées, réussissait à me préparer un séjour aussi passionnant, pouvez-vous concevoir ce que le Seigneur Jésus-Christ, avec ses ressources, sa puissance, son imagination et son amour sans limites, va faire pour nous ? Il attend impatiemment notre arrivée ; il a un surnom pour chacun des siens ; et il a préparé son domaine afin de nous procurer une joie constante. Nous allons nager dans l'océan de son affection pour nous. Son ascension glorieuse était *pour nous*.

CHRIST, NOTRE SEUL ESPOIR

« Nous croyons que le salut ne se trouve en aucun autre, car il n'a été donné sous le ciel aucun autre nom par lequel nous devions être sauvés. »

Au cours des siècles, plusieurs doctrines de la foi chrétienne ont offensé les non-croyants, par exemple la perversité du cœur humain, l'incapacité de l'homme de se sauver lui-même ou l'existence de l'enfer. Du temps de l'apôtre Paul, d'autres enseignements ont soulevé l'hostilité : le jugement de Dieu sur Israël par exemple, l'intégration des non-Juifs au sein de l'Église, ou encore la liberté par rapport aux lois et aux rites de l'Ancien Testament.

De nos jours, l'une des doctrines les plus controversées, l'une de celles que les médias soulèvent immanquablement chaque fois qu'ils s'entretiennent avec des chrétiens évangéliques, affirme que Jésus est le seul chemin vers la vie éternelle. La raison en est évidente : les chrétiens affirment être les seuls à connaître et à proclamer le Dieu unique, véritable et vivant ; et ils disent que tous les autres sont dans une erreur totale et que les conséquences de cette erreur sont absolument catastrophiques.

De plus, certains chrétiens font preuve d'une arrogance insupportable, doublée d'une insensibilité apparente pour le jugement que devront affronter les incroyants et les membres d'autres groupes religieux. Alors, direz-vous, pourquoi la *Gospel Coalition* tient-elle à faire de ce point un élément non négociable de sa doctrine ? Voici la réponse :

1. À moins de croire sans réserve à cette vérité, on ne comprend rien à l'Évangile de Christ. Ce n'est que si nous croyons ce que la Bible enseigne sur la situation de l'humanité déchue (notre dépravation morale, notre mort spirituelle, notre condamnation à l'enfer pour l'éternité) que nous pourrons comprendre vraiment et faire nôtre la solution que Dieu nous offre, la seule qui puisse nous racheter de notre condition. Puisque nous sommes incapables de nous justifier par nous-mêmes, nous devons croire à la seule justice de Christ. Comme nous sommes par nature morts à cause de nos offenses et nos péchés, nous devons recevoir le miracle de la résurrection de la part de Christ. Puisque la justice de Dieu doit être complètement satisfaite pour le pardon de nos péchés, nous devons recevoir l'expiation parfaite de Christ, mort à notre place. Parce que nous ne pouvons pas venir à Dieu par nos mérites, nous devons compter sur l'intercession de Christ pour nous devant le trône de Dieu. Seule l'œuvre rédemptrice de Christ peut résoudre notre problème de péché. Jésus dit : « Je suis le chemin, la vérité, et la vie. Nul ne vient au Père que par moi » (Jn 14.6).

2. S'il existait un autre moyen d'obtenir la vie éternelle, Dieu serait coupable de la plus gigantesque violation de justice de l'histoire de l'univers. La crucifixion de

Christ, d'un point de vue purement humain, a été le pire simulacre de justice de toute l'histoire de l'humanité. Jésus, comme nous l'avons vu, est le seul être humain qui n'ait jamais rien dit de mal, entretenu une seule mauvaise pensée ou commis un seul péché. Il a servi les pauvres avec amour, il a fait preuve de compassion envers les faibles et les laissés-pour-compte et il a guéri les malades. Il est la meilleure personne qui ait jamais existé, et pourtant, il a souffert le pire châtiment de tous les criminels de l'histoire. Et, chose incroyable, c'est Dieu qui a ordonné ce fiasco apparent ; il a livré son Fils à des hommes perfides pour qu'il agonise et qu'il meure sur une croix de bois (Ac 2.23). S'il existait une autre façon de délivrer les êtres humains de leur nature pécheresse, si Dieu avait un plan B aussi efficace que le « chemin de Jésus », nous devrions en conclure que la mort de Jésus n'était pas vraiment nécessaire pour sauver les pécheurs. Nous devrions alors admettre que Dieu a été l'auteur d'une violation insensée et grotesque de sa justice. Mais comme Jésus *est* le seul chemin, le décret solennel de Dieu de sacrifier son seul et unique Fils n'est pas le plus grand acte d'injustice au monde, c'est le plus grand acte d'amour jamais accompli.

3. S'il existait un autre moyen d'obtenir le salut, il faudrait qu'il s'appuie sur une performance morale humaine car seul l'Évangile de Christ nous sauve par grâce ; ainsi, tout autre moyen de salut vient en contradiction directe avec le salut par grâce, particulièrement enseigné par Paul dans ses épîtres. S'il existait un autre chemin de salut, la notion de la grâce serait futile et superflue et l'Évangile de Christ n'existerait pas.

4. S'il existait un autre moyen d'être sauvé, il serait impossible de concilier cette idée avec ce qui est affirmé clairement dans l'Écriture (Jn 14.6 ; Ac 4.12 ; Ro 3.19-

20 ; 1 Ti 2.5-6). Si on doute de ce que la Parole enseigne par rapport à cette doctrine fondamentale, comment pouvons-nous croire à la véracité de la Bible dans d'autres domaines ?

5. S'il existait un autre moyen d'être sauvé, on pourrait supposer qu'il ait été conçu pour ceux qui n'ont jamais entendu l'Évangile mais qui désirent pourtant aller au ciel. Mais qu'est-ce qui nous fait croire que l'homme naturel veut aller au ciel ? La Bible enseigne que les citoyens des cieux ne cessent de louer Jésus-Christ – c'est exactement ce que l'homme naturel évite. Quiconque n'aime pas Christ méprise le ciel. D'un autre côté, on peut tout à fait dire que, parmi ceux qui ont vraiment soif du ciel, personne n'en sera exclu. En effet, ce n'est qu'en entendant et en croyant à l'Évangile que le cœur de l'homme pécheur aspire au ciel, d'où l'importance d'obéir au grand commandement d'annoncer la bonne nouvelle.

Celui qui a découvert l'amour de Dieu dans l'œuvre rédemptrice de Jésus-Christ, à vrai dire, n'est pas choqué que Dieu n'ait donné qu'un seul moyen pour être sauvé ; il est plutôt de plus en plus ébahi et bouleversé que Dieu en ait donné un. Plus un chrétien grandit dans la connaissance de soi, en prenant conscience de son profond égoïsme, de son orgueil démesuré, de son manque d'intérêt délibéré pour les besoins d'autrui, et de son inexcusable rébellion contre les divins commandements du Dieu Tout-Puissant, et plus il s'émerveille avec un étonnement toujours grandissant des indicibles bonté, patience, grâce et fidélité de Dieu.

Pourquoi Dieu devrait-il sauver qui que ce soit ? Pour sa gloire. Voilà pourquoi il choisit de manifester sa grâce envers des pécheurs indignes. Les chrétiens ne se sont jamais donné la peine d'écrire des cantiques intitulés « Extraordinaire justice » ou « Étonnante colère » – sa colère et sa justice ne nous étonnent pas. Nous avons été dûment prévenus de sa colère dès le jardin d'Éden. Non, les chrétiens ont écrit « Amazing Grace » (John Newton) et « Comment se peut-il ? » (Charles Wesley).

De tous ces chefs religieux qui ont prétendu aider, guider et sauver les gens, seul Jésus-Christ l'a fait, et il l'a fait au prix de son propre sang.

CHRIST, NOTRE TOUT

La Confession de foi de la *Gospel Coalition* dit : « Parce que Dieu a choisi les choses humbles de ce monde, les choses méprisées, celles qui ne sont pas, afin de réduire à néant celles qui sont, aucun être humain ne pourra jamais se glorifier devant lui ; le Christ Jésus est devenu pour nous sagesse de Dieu, c'est-à-dire notre justice, notre sainteté et notre rédemption. » (voir 1 Co 1.28-30).

Il y a environ vingt ans, un dimanche, immédiatement après le culte, je pensais avoir prononcé un sermon particulièrement bon (théologie solide, exégèse éclairée et illustrations utiles). J'avais d'ailleurs reçu de nombreux compliments de la part des membres de l'assemblée, confirmant mon évaluation optimiste. Cependant, une de nos chères têtes blanches s'est attardée pour me parler. Croyant qu'elle aussi allait me complimenter, j'ai été interloqué et profondément humilié quand elle m'a dit : « M. le Pasteur, merci beaucoup pour ce brillant sermon ; mais la semaine prochaine, est-ce que vous pourriez juste nous parler de Jésus ? » Je me suis rendu compte que j'avais oublié de donner toute la place à Jésus, non seulement dans mon sermon mais aussi, dans une certaine mesure, dans ma vie.

Pour que Christ soit tout pour nous, nous devons faire deux choses. D'abord, faire le vide en nous. Nous ne pouvons le proclamer aux autres que lorsque nous savons à quel point nous avons désespérément besoin de lui. L'apôtre Paul affirme que certains n'hériteront pas du royaume de Dieu : les débauchés, les idolâtres, les adultères, ceux qui pratiquent l'homosexualité, les voleurs, les cupides, les ivrognes, les outrageux, et les ravisseurs.

Et il continue en disant : « Et c'est là ce que vous étiez, quelques-uns d'entre vous » (1 Co 6.9-11).

Quand Paul décrit l'arrière-plan social des chrétiens de Corinthe, il dit : « Considérez, frères, que parmi vous qui avez été appelés il n'y a ni beaucoup de sages selon la chair, ni beaucoup de puissants, ni beaucoup de nobles » (1 Co 1.26). Dieu ne nous a pas choisis pour ce que nous avons fait ou parce que nous allons faire quelque chose qui mérite la moindre faveur de sa part. Au contraire, il nous a choisis de manière parfaitement gratuite. Il nous a choisis en dépit de notre manque de mérite. Paul explique les effets de cette réalité sur notre autoévaluation : « Où donc est le sujet de se glorifier ? Il est exclu » (Ro 3.27). Si nous sommes sauvés par l'Évangile, nous reconnaissons que « ce qui est bon, je le sais, n'habite pas en moi » (Ro 7.18a).

Ensuite, si nous devons cesser de nous glorifier d'être venus à Christ, nous devons également commencer à nous glorifier d'être en Christ. « Pour ce qui me concerne, loin de moi la pensée de me glorifier d'autre chose que de la croix de notre Seigneur Jésus-Christ, par qui le monde est crucifié pour moi, comme je le suis pour le monde ! » (Ga 6.14.) Notre seul sujet de gloire est Dieu lui-même. Le roi David s'est exclamé : « Je bénirai l'Éternel en tout temps ; sa louange sera toujours dans ma bouche. Que mon âme se glorifie en l'Éternel ! Que les malheureux écoutent et se réjouissent ! » (Ps 34.2-3) Pourquoi glorifie-t-on Dieu ? Parce que lui seul a accompli pour nous tout ce qui a une valeur éternelle : notre acceptation par Dieu, notre joie et notre sagesse dans la vie et notre espérance en l'avenir. Il est notre tout. Par son œuvre glorieuse de rédemption des pécheurs, Christ est devenu le centre de notre vie.

Nous pouvons scruter les évangiles pour voir ce que signifie mettre Christ au centre de sa vie. Dans l'évangile selon Matthieu, par exemple, on apprend que mettre Christ au centre de sa vie signifie louer sa majesté (Mt 2) ; croire à son message (Mt 4) ; obéir à ses enseignements (Mt 5 – 7) ; appeler Dieu « Père » (Mt 6) ; expérimenter sa guérison (Mt 8 – 9) ; participer à sa mission (Mt 10) ; se charger de sa croix (Mt 16) ; aimer son Église (Mt 18) ; lui rendre l'amour qu'il a pour nous (Mt 26) ; se glorifier de sa croix (Mt 27) ; célébrer sa résurrection (Mt 28). Telle est la vraie vie en Christ.

Quand on compare notre vide à sa plénitude, notre péché à sa justice, notre folie à sa sagesse, on se doit de considérer ce qu'implique l'œuvre de rédemption de Christ :

1. Nous ne devons chercher le contentement qu'en lui. Cessons de nous plaindre et arrêtons de rechercher les plaisirs du monde. Christ ne nous suffit-il pas ? Si vous l'avez, pouvez-vous être plus heureux ? Considérons le contentement de Paul, dans Philippiens 4.10-20, indépendamment des circonstances difficiles qu'il rencontre.

2. Nous devons imprégner tout notre ministère chrétien de l'Évangile de Christ. Nous devons mettre l'accent sur Christ dans nos prédications et nos enseignements ; la relation d'aide dans l'Église doit se concentrer sur la relation avec Christ (la réponse ultime à tous les problèmes) ; nos cultes d'adoration et nos rencontres de prières doivent être centrés sur lui ; tous les programmes offerts à l'Église et tous les efforts missionnaires doivent aboutir à lui. En effet, quand nous glorifions le Seigneur Jésus-Christ et nous réjouissons de son œuvre de rédemption, nous glorifions le Dieu en trois personnes qui s'est fait connaître pleinement en Christ.

L'œuvre de rédemption de Christ est au cœur de la théologie chrétienne. Puisse-t-elle également être au cœur de la vie de chaque chrétien.

NOTES

1. Frank Houghton, « Thou Who Wast Rich » [Riche au-delà de toute splendeur *(Traduction Ed. Clé)*] (1894-1972).
2. Thomas Kelly, « Look, Ye Saints! The Sight Is Glorious », [Regardez, vous les saints, la splendeur du spectacle *(Traduction Ed. Clé)*] (1809).

SAM STORM

est pasteur principal de la *Bridgeway Church* à Oklahoma City. Après avoir enseigné la théologie au *Wheaton College*, il a créé le ministère *Enjoying God Ministries* afin de fournir des ressources bibliques et théologiques au corps de Christ. Il est l'auteur de plusieurs livres dont *Chosen for life*.

La restauration finale

Le Christ est mort, le Christ est ressuscité, le Christ va revenir ! Ce simple refrain liturgique nous rappelle la profondeur de cette vérité importante : l'eschatologie est profondément et inextricablement imbriquée dans l'Évangile. La double utilisation du passé – le Christ « est mort » et « est ressuscité » – permet au chrétien de persévérer dans l'espérance que « le Christ *va* revenir ». Pour simplifier, ce que Dieu *a déjà* accompli dans le passé, par la vie, la mort et la résurrection de son Fils, est le fondement de ce qu'il *fera* dans le futur, quand toutes choses seront achevées, comme le mentionne l'Écriture.

L'espérance chrétienne n'est pas un vague espoir auquel on s'accroche face à un avenir incertain, mais une attente confiante enracinée dans des faits survenus il y a 2 000 ans. L'efficacité et l'irrévocabilité de l'œuvre rédemptrice du Christ, sa résurrection et son élévation en tant que Seigneur, à la droite du Père, justifient à elles seules, pour tous les chrétiens, l'attente de son retour et de l'accomplissement final du dessein éternel de Dieu, qui est de faire de nouveaux cieux et une nouvelle terre.

L'espérance eschatologique des chrétiens est très bien résumée dans le treizième et dernier article de la confession de foi de la *Gospel Coalition*. Cette déclaration ne recense pas les différents scénarios de fin du monde en vigueur dans le monde évangélique mais elle relève les éléments *essentiels* de notre espérance eschatologique, partagés par tous ceux qui affirment l'autorité du texte inspiré. Elle énonce donc la position évangélique générale qui évite de mettre en avant les caractéristiques propres aux différentes dénominations et confessions. Ces divergences ont très souvent terni les débats sur le plan de Dieu pour la fin des temps. Voici ce qu'elle dit :

> Nous croyons au retour personnel, glorieux et corporel de notre Seigneur Jésus-Christ avec ses saints anges, quand il viendra exercer son rôle de Juge final et instaurer son royaume. Nous croyons à la résurrection corporelle des justes et des injustes : les injustes pour le jugement et le châtiment éternel conscient en enfer, ainsi que notre Seigneur l'a enseigné, les justes pour le bonheur éternel dans la présence de celui qui est assis sur le trône et de l'Agneau, dans les nouveaux cieux et la nouvelle terre où la justice habitera. Ce jour-là, l'Église sera sans défaut et sans tache devant Dieu grâce à l'obéissance, aux souffrances et au triomphe du Christ. Tout péché aura disparu et ses effets maudits seront à jamais supprimés. Dieu sera tout en tous, et son peuple sera en extase en présence de son ineffable sainteté ; tout sera alors à la louange de sa grâce glorieuse.

L'INAUGURATION ET L'ACHÈVEMENT ULTIME DU ROYAUME DE DIEU

« L'espérance bénie » du chrétien et, par conséquent, le sujet majeur de l'eschatologie biblique, est « la manifestation de la gloire de notre grand Dieu et Sauveur Jésus-Christ » (Tit 2.13), lorsqu'il paraîtra pour l'achèvement ultime du royaume de Dieu. Pour bien comprendre ce qu'implique cet achèvement, nous devons d'abord nous pencher sur l'inauguration du règne souverain de Dieu lors de la première venue du Christ. Comme on l'a vu précédemment, la clé du futur réside dans le passé.

La proclamation du royaume de Dieu faite par Jésus au Ier siècle doit être considérée en relation, ou plutôt en opposition aux aspirations du peuple juif de son époque. L'Israélite du Ier siècle attendait et espérait la domination du pays que Dieu avait promis à Abraham et à sa descendance ; un règne éternel ; une suprématie universelle et, par-dessus tout, la présence en puissance et en gloire du Roi lui-même, gouvernant le peuple de Dieu. Les questions qui préoccupaient les Juifs du temps de Jésus étaient les suivantes : « Quand Yahvé enverra-t-il le Messie pour nous délivrer de nos oppresseurs et accomplir les promesses de l'alliance faite à nos pères ? Où est la promesse de l'avènement du royaume de Dieu ? »

Personne ne conteste le fait que le point central du ministère de Jésus était l'annonce de *la venue du royaume de Dieu* : « Le temps est accompli, et le royaume de Dieu est proche. Repentez-vous, et croyez à la bonne nouvelle » (Mc 1.15 ; voir aussi Mt 3.2 ; 4.17, 23 ; 10.7 ; Lu 4.43 ; 10.9). La conception la plus courante du royaume, dans l'esprit des Juifs de l'Ancien Testament, était le triomphe visible de Dieu sur ses ennemis, la réhabilitation et la restauration de son peuple, Israël, pour qu'il domine sur le pays, et l'accomplissement de la promesse d'un trône et d'un règne davidiques, qui s'établiraient sur la terre avec puissance et gloire.

Selon N. T. Wright, « Pour le Juif moyen de la première moitié du Ier siècle, le royaume de Dieu signifiait le rétablissement d'Israël, la victoire sur les païens et, à terme, la paix, la justice et la prospérité. Il n'est guère surprenant que, lorsqu'un prophète se présentait annonçant l'imminence de ce royaume et l'accession du Dieu d'Israël à la royauté, il trouve alors un auditoire enthousiaste[1] ». La question cruciale était : « Quand Yahvé reviendra-t-il à Sion pour habiter au milieu de son peuple, afin de le pardonner et de le rétablir ? » D'après Wright, l'espérance des Juifs

> était concrète, spécifique, centrée sur le peuple dans sa globalité. Si Pilate gouvernait encore la Judée, alors le royaume de Dieu n'était pas arrivé. Si le temple n'était pas rebâti, alors le royaume n'était pas arrivé. Si le Messie n'était pas présent, alors le royaume n'était pas arrivé. Si Israël n'observait pas entièrement la Torah (de quelque manière que l'on puisse définir une telle observance), alors le royaume n'était pas arrivé. Si les païens n'étaient pas vaincus et/ou n'affluaient pas vers Sion pour être enseignés, alors le royaume n'était pas arrivé. Ces points de références tangibles et concrets [...] sont primordiaux[2].

Pour les chefs religieux comme pour l'homme du peuple du temps de Jésus, la venue du royaume de Dieu signifiait la libération de tout le pays et la défaite militaire des oppresseurs païens. Cet état d'esprit est sans doute à l'origine de la perplexité de Jean-Baptiste concernant Jésus :

> *Jean, ayant entendu parler dans sa prison des œuvres du Christ, lui fit dire par ses disciples : Es-tu celui qui doit venir, ou devons-nous en attendre un autre ? Jésus leur répondit : Allez rapporter à Jean ce que vous entendez et ce que vous voyez : les aveugles voient, les boiteux marchent, les lépreux sont purifiés, les sourds entendent, les morts ressuscitent, et la bonne nouvelle est annoncée aux pauvres. Heureux celui pour qui je ne serai pas une occasion de chute !* (Mt 11.2-6).

Dans sa réponse aux disciples de Jean, Jésus déclare que l'accomplissement de l'espérance annoncée par l'Ancien Testament, ainsi que les bénédictions qui l'accompagnent, *se réalisent* en fait maintenant, en sa personne et par son ministère.

Cependant, cet accomplissement ne s'effectuait pas comme on s'y attendait, ce qui explique la perplexité de Jean.

L'élément imprévu était que l'accomplissement *se réalisait en Jésus, mais sans l'achèvement ultime eschatologique.* L'espérance prophétique de la venue du royaume messianique de Dieu, promise à Israël dans l'Ancien Testament, s'est accomplie dans la personne et l'œuvre de Jésus, mais en partie seulement. Les Juifs de l'époque de notre Seigneur, conformément à ce qu'ils lisaient dans leurs écrits inspirés, attendaient l'achèvement ultime du royaume, la défaite complète et définitive des ennemis politiques d'Israël et l'instauration de l'ère bénie de paix et de prospérité dans le pays.

Cependant, notre Seigneur a enseigné que le royaume de Dieu, avant son achèvement ultime, était venu en sa personne et se manifestait de façon spirituelle et avec puissance. C'est pourquoi le royaume est à la fois le présent règne spirituel de Dieu et son règne à venir, lors duquel il dominera avec puissance et gloire. Ainsi, George Ladd conclut avec justesse :

> Avant l'apparition eschatologique du royaume de Dieu à la fin des temps, la dynamique du royaume de Dieu s'est mise en route parmi les hommes, en la personne et la mission de Jésus-Christ. À l'heure actuelle, le royaume de Dieu ne se limite pas à l'idée abstraite du règne universel de Dieu auquel l'homme doit se soumettre ; il se présente plutôt sous la forme d'une dynamique de vie, agissant sur l'humanité [...]. Avant la venue apocalyptique du royaume de Dieu et la manifestation ultime de son règne générateur d'un ordre nouveau, Dieu a fait la démonstration de son autorité et de son royaume, en faisant profiter les hommes dès maintenant des bénédictions liées à son règne rédempteur[3].

En répondant à la question de Jean-Baptiste, Jésus annonce que Satan sera mis en déroute comme un exemple des manifestations de son règne souverain. « Dans sa relation au royaume de Dieu, le sens de l'exorcisme pratiqué par Jésus se comprend ainsi : avant même la victoire eschatologique du royaume de Dieu sur le mal et la destruction de Satan, le royaume de Dieu a envahi le domaine de Satan, lui infligeant une défaite préliminaire mais décisive[4] ». De façon similaire, ce que Jésus a dit incarnait et manifestait la présence du royaume : « La parole même de Jésus accomplissait ce qu'elle proclamait : la libération des captifs, le recouvrement de la vue pour les aveugles et la délivrance des opprimés [...]. Le message produisait l'ère nouvelle [...], il rendait possibles les signes de l'accomplissement messianique. La parole amenait le royaume de Dieu. L'Évangile est lui-même le plus grand des signes messianiques[5] ».

Ainsi, le royaume de Dieu est son règne rédempteur, ou sa seigneurie souveraine, agissant avec dynamisme pour instaurer sa domination parmi les hommes. Deux moments se révèlent décisifs et spectaculaires dans la manifestation de ce royaume. Le premier, lors de l'accomplissement historique de ce règne, par la première venue du Fils. Par cette venue, Satan a été vaincu et les êtres humains ont pu expérimenter les bénédictions liées au règne de Dieu. Le deuxième, lors de l'achèvement ultime, à la fin de l'Histoire, par la seconde venue du Fils, quand il détruira enfin et définitivement ses ennemis, délivrera du mal son peuple et la création tout entière, et établira son règne éternel dans les nouveaux cieux et la nouvelle terre.

La manifestation inattendue du royaume, sous sa forme actuelle de règne rédempteur de Dieu, nous renvoie précisément au *mystère* de sa représentation décrite dans les paraboles de Matthieu 13. Que Dieu ait l'intention d'instaurer son règne n'est bien sûr ni un secret, ni un mystère. Que le royaume doive venir en puissance et en gloire, n'est pas un secret non plus. Le mystère réside dans la révélation de la méthode employée par Dieu pour établir ce royaume ; de manière plus spécifique, le royaume à venir, puissant et glorieux, *est en fait déjà présent dans le monde, par anticipation et de façon cachée*, pour agir secrètement dans et parmi les hommes (voir Marc 4.26-32). Voyons, ici aussi, l'explication qu'en donne Ladd :

On pourrait conclure que le « mystère du royaume » est la clé qui permet de comprendre la particularité soulignée par Jésus dans son enseignement de ce sujet. Il a dit que le royaume de Dieu était proche, mais en réalité, il affirmait que déjà, sa présence était effective parmi les hommes (Mt 12.28). Le royaume de Dieu se manifestait dans la parole de Jésus et ses œuvres messianiques. Il était visible dans son incarnation ; il était présent sous la forme du salut messianique. Il était l'accomplissement de l'attente de l'Ancien Testament. Pourtant, la venue du royaume et sa présence n'étaient ni explicables, ni entièrement évidentes en elles-mêmes. Par certains côtés, elles ne pouvaient être comprises qu'au moyen d'une révélation. Aussi, quoique la présence du royaume réponde aux attentes de l'Ancien Testament, sa venue s'est manifestée très différemment de ce à quoi on aurait pu s'attendre en lisant les prophètes. Avant même la fin des temps et l'achèvement ultime du royaume, en puissance et en gloire, Dieu projetait d'introduire la puissance de ce royaume eschatologique dans le cours de l'Histoire, infligeant une défaite au royaume de Satan et mettant en action la dynamique de sa souveraineté rédemptrice parmi les hommes. Cette nouvelle manifestation du royaume de Dieu se situait au cœur de l'Histoire et se cristallisait en un seul homme — Jésus-Christ[6].

Il existe donc une double manifestation du royaume de Dieu, liée aux deux venues de Jésus lui-même. Lors de sa première manifestation, il est apparu sans éclat, humblement, afin de souffrir et de mourir, satisfaisant ainsi la justice de Dieu et assurant le salut de son peuple (Ro 3.23-26). C'est de cette manière, dit Paul, que Dieu « nous a délivrés de la puissance des ténèbres et nous a transportés dans le royaume de son Fils bien-aimé, en qui nous avons la rédemption, le pardon des péchés » (Col 1.13-14). Il va cependant paraître une seconde fois, avec une puissance et une majesté manifestes, pour délivrer la terre de la malédiction du péché, glorifier son peuple et établir son règne souverain pour l'éternité, dans la splendeur de l'achèvement ultime des nouveaux cieux et de la nouvelle terre.

Nous devons, par conséquent, tenir compte de cette *double réalité* : « le règne actuel de justice et de salut, dans lequel l'être humain peut accepter ou refuser la soumission au royaume *et* le règne à venir, dans lequel la puissance du royaume sera manifestée dans une gloire visible. Le premier a commencé de façon discrète, sans effet d'annonce, et ceux qui l'ont accepté continuent de vivre en compagnie de ceux qui l'ont refusé, jusqu'au moment de l'achèvement ultime. À ce moment-là, le royaume apparaîtra dans une impressionnante manifestation de puissance et de gloire. Le royaume de Dieu viendra et la condition finale démontrera la parfaite réalisation de la volonté de Dieu, partout et pour toujours[7] ».

LA RÉSURRECTION

Un élément souvent négligé de l'espérance eschatologique des croyants est la résurrection du corps. L'image commune du chrétien désincarné, flottant dans une sorte de brouillard spirituel éthéré, se déplaçant d'un nuage à l'autre dans le ciel, tient plus de la philosophie dualiste grecque que de l'enseignement biblique. Le peuple de Dieu passera l'éternité en ayant un corps qui, bien que ressuscité et glorieux, n'en sera pas moins physique et matériel. Paul enseigne clairement la réalité de cette résurrection dans 1 Corinthiens 15.50-57 :

Ce que je dis, frères, c'est que la chair et le sang ne peuvent hériter le royaume de Dieu, et que la corruption n'hérite pas l'incorruptibilité. Voici, je vous dis un mystère, nous ne mourrons pas tous, mais tous nous serons changés, en un instant, en un clin d'œil, à la dernière trompette. La trompette sonnera, et les morts ressusciteront incorruptibles, et nous, nous serons changés. Car il faut que ce corps corruptible revête l'incorruptibilité, et que ce corps mortel revête l'immortalité. Lorsque ce corps corruptible aura revêtu l'incorruptibilité, et que ce corps mortel aura revêtu l'immortalité, alors s'accomplira la parole qui est écrite : La mort a été engloutie dans la victoire. Ô mort, où est ta victoire ? Ô mort, où est ton aiguillon ? L'aiguillon de la mort, c'est le péché ; et la puissance du péché, c'est la loi. Mais grâces soient rendues à Dieu, qui nous donne la victoire par notre Seigneur Jésus-Christ !

La phrase-clé de la déclaration de Paul est : « la chair et le sang ne peuvent hériter le royaume de Dieu » (v. 50). En d'autres termes, une nature corruptible et périssable ne peut ni posséder, ni avoir part à un royaume incorruptible et impérissable. Ni les vivants (« la chair et le sang »), ni les morts (« la corruption ») ne peuvent hériter le royaume sous leur forme actuelle.

Paul n'insiste donc pas seulement sur la nécessité de la régénération, mais sur celle de la résurrection, qui est en quelque sorte la glorification ultime du croyant, et qui aura lieu lors de la seconde venue du Christ (voir 1 Th 4.13-18). En résumé, seuls ceux qui auront connu cette transformation ultime du corps et de l'esprit, par cette résurrection-glorification, au moment du retour du Christ, hériteront le royaume de Dieu.

À cet égard, 2 Corinthiens 5.1-5 est un texte crucial. Paul y compare la mort physique, la destruction du corps, au démontage d'une tente. Mais la mort ne devrait pas conduire au désespoir, car « [...] nous avons dans le ciel un édifice qui est l'ouvrage de Dieu, une demeure éternelle qui n'a pas été faite de main d'homme » (v. 1). Parmi les multiples interprétations existantes, la meilleure est celle du *glorieux corps de résurrection*, cette incarnation finale et ultime que nous aurons en partage pour l'éternité[8].

L'objection majeure à cette interprétation réside dans le fait que Paul utilise le présent, « nous *avons* dans le ciel un édifice qui est l'ouvrage de Dieu » (et non « nous *aurons* »). Cela semblerait impliquer que le croyant reçoit son corps de gloire immédiatement après sa mort. Toutefois, une telle interprétation entrerait en conflit avec 1 Corinthiens 15.22-28, 51-56, 1 Thessaloniciens 4–5, voire peut-être 1 Jean 3.1-3. En effet, tous ces passages indiquent que la glorification interviendra lors du second avènement de Jésus.

De plus l'Écriture présente fréquemment une réalité ou une possession futures, dont l'auteur est tellement certain et convaincu qu'il utilise le présent, comme si la réalisation était déjà effective dans notre vie. En réalité, quand Paul utilise le présent dans l'expression « nous avons », il souligne le *fait* de posséder, et la *permanence* de la possession, mais pas le caractère *immédiat* de son obtention. C'est le langage de l'espérance.

Certains ont estimé que Paul a peut-être employé le présent car la perception de la durée, entre la mort physique et la résurrection finale, n'est pas ressentie ou expérimentée consciemment par les saints, dans le paradis. Dans ce cas, la réception d'un corps de résurrection *semblerait* suivre immédiatement la mort. Mais l'Écriture ne permet pas une telle interprétation car elle enseigne clairement que, lors de la période de transition qui suit la mort, la conscience persiste (voir 2 Co 5.6-8 ; Ph 1.21-24 ; Ap 6.9-11). Si le croyant décédé « s'en va » pour être « avec Christ » (Ph 1.23) et sera, de ce fait, « avec » Christ à son retour (1 Th 4.17), il semblerait qu'une certaine forme de conscience subsiste durant la période qui va de sa mort à la résurrection finale de tous. C'est pourquoi nous parlons de cette période comme d'un état de *transition*.

Même s'il semble que Paul envisage la possibilité (la probabilité ?) de sa propre mort physique, il garde pourtant l'espoir de demeurer en vie jusqu'au retour du Christ. C'est ainsi qu'il écrit :

> *Aussi gémissons-nous dans cette tente, désirant revêtir notre domicile céleste, si du moins nous*

sommes trouvés vêtus et non pas nus. Car tandis que nous sommes dans cette tente, nous gémissons, accablés, parce que nous voulons, non pas nous dépouiller, mais nous revêtir, afin que ce qui est mortel soit englouti par la vie. Et celui qui nous a formés pour cela, c'est Dieu, qui nous a donné les arrhes de l'Esprit (2 Co 5.2-5).

Paul parle ici de son désir d'être en vie lors du retour du Christ car, alors, il n'aurait pas à passer par la mort matérielle et à expérimenter la séparation du corps et de l'âme, un état qu'il compare à la « nudité » (v. 3) ou au « dépouillement » (v. 4). Il préfère, ce qui est compréhensible, être immédiatement uni au Seigneur, revêtu de son corps ressuscité et glorieux.

Dans 2 Corinthiens 5.2, verset repris et quelque peu développé au verset 4, Paul utilise des métaphores étranges, parlant de se revêtir ou d'être revêtu d'un domicile (céleste). Mais il s'agit de bien plus que de revêtir un vêtement : il s'agit de mettre un vêtement *par-dessus* un autre. Tout comme avec un survêtement ou un pardessus, le corps céleste est revêtu par-dessus le corps terrestre duquel l'apôtre est, en quelque sorte, déjà vêtu. Ainsi, le corps céleste et glorieux ne recouvre pas simplement le corps terrestre mais il l'absorbe et le transforme (voir Ph 3.20-21 ; 1 Co 15.53).

Si Paul reste en vie jusqu'au retour du Christ (ce qui peut aussi être valable pour nous), le Seigneur le trouvera revêtu d'un corps (le corps terrestre actuel) et non dans un état de désincarnation. Être sans corps, c'est être « nu » (2 Co 5.3). En clair, Paul envisageait l'existence d'un état de désincarnation entre la mort physique et la résurrection générale finale (voir « dépouiller » au verset 4).

Mais quelle assurance avons-nous que Dieu va réellement nous pourvoir d'un corps glorieux et éternel, qui ne sera plus, comme l'actuel, sujet à la détérioration et à la maladie ? La réponse est simple : le Saint-Esprit ! La déclaration de Paul, dans 2 Corinthiens 5.5, nous rappelle que « Les "arrhes de l'Esprit" ne sont pas un simple dépôt passif mais l'opération active et vivifiante du Saint-Esprit à l'intérieur du croyant, lui garantissant la présence et la mise en œuvre de la même puissance qui a ressuscité Jésus-Christ d'entre les morts, préparant son corps mortel pour l'achèvement ultime de sa rédemption, en le glorifiant[9] ».

Le chrétien ne doit donc pas craindre la mort. Qu'importe le degré de maladie ou de faiblesse qui est le nôtre, qu'importe la mesure de souffrances ou d'épreuves que nous devons affronter, puisque nous avons la promesse, faite par le Saint-Esprit, de recevoir un corps glorieux, identique à celui du Christ, transformé et en mesure de nous abriter éternellement ; un corps indemne de toute maladie, souffrance, carence et qui est aussi incorruptible. Paul semble dire que la meilleure option est d'être en vie lors du retour du Christ. Le croyant passerait ainsi instantanément de ce « vêtement » (notre corps physique actuel) à ce « revêtement » glorieux (qui est et sera notre corps de résurrection, pour l'éternité). Paul préfère ne pas être « dépouillé » mais revêtir le vêtement éternel par-dessus le vêtement temporaire, afin que ce premier ait un effet rédempteur sur ce dernier et le transforme.

L'apôtre prend également soin de relier la résurrection et la glorification finale des croyants à l'abolition de la malédiction pesant sur la création tout entière :

J'estime que les souffrances du temps présent ne sauraient être comparées à la gloire à venir qui sera révélée pour nous. Aussi la création attend-elle avec un ardent désir la révélation des fils de Dieu. Car la création a été soumise à la vanité, non de son gré, mais à cause de celui qui l'y a soumise, avec l'espérance qu'elle aussi sera affranchie de la servitude de la corruption, pour avoir part à la liberté de la gloire des enfants de Dieu. Or, nous savons que, jusqu'à ce jour, la création tout entière soupire et souffre les douleurs de l'enfantement. Et ce n'est pas elle seulement mais nous aussi, qui avons les prémices de l'Esprit nous soupirons en nous-mêmes, en attendant l'adoption, la rédemption de notre corps (Ro 8.18-23).

La délivrance ou rédemption de la création tout entière est ainsi indissociablement liée à celle des enfants de Dieu. Au moment où les fils de Dieu seront révélés (Ro 8.19), la création elle-même connaîtra sa rédemption. Voilà pourquoi la création est personnifiée, comme attendant « avec un ardent désir la révélation des fils de Dieu ».

La création attend impatiemment le retour du Christ et notre glorification car, dès cet instant, elle sera également affranchie de « la servitude de la corruption » pour avoir part à cette « liberté de la gloire des enfants de Dieu » (v. 21). La création *attend* la révélation des fils de Dieu (v. 19) car c'est *au cours* de cette totale libération qu'interviendra également sa délivrance (v. 21). Autrement dit, création et enfants de Dieu sont intimement liés, que ce soit dans la souffrance présente ou dans la gloire future. La solidarité dans la chute se retrouvera dans la restauration.

La rédemption dont nous jouirons au retour du Christ se manifestera par l'éradication complète et définitive de tous les péchés, de toute trace de corruption spirituelle et charnelle qui nous marquaient avant cet événement. Paul est d'avis que la création tout entière attend ce jour car elle participera de la même manière à la pleine rédemption et à la délivrance. S'il se trouvait que la création n'accède pas à la complète libération de sa déchéance actuelle, alors la finalisation et l'achèvement de notre propre rédemption seraient sérieusement remis en question.

Dans la mesure où la nature entière participera à « la glorieuse liberté des enfants de Dieu », toute déficience dont elle ferait l'objet toucherait également les chrétiens. À tel point que, si la création entière ne jouit pas totalement et parfaitement de la rédemption, *nous* n'en jouirons pas totalement et parfaitement non plus. *Ainsi, la rédemption et la gloire de la création sont inextricablement liées aux nôtres, qui se réalisent simultanément.*

LE JUGEMENT

La certitude du jugement dernier est également affirmée par l'apôtre dans 2 Corinthiens 5. Paul nous exhorte en disant : « C'est pour cela aussi que nous nous efforçons de lui être agréables, soit que nous demeurions dans ce corps, soit que nous le quittions. Car il nous faut tous comparaître devant le tribunal de Christ, afin que chacun reçoive selon le bien ou le mal qu'il aura fait, étant dans son corps » (2 Co 5.9-10).

Le contexte plus large de 2 Corinthiens 4–5 nous laisse entrevoir que seuls les croyants sont concernés par ce passage. Murray Harris a souligné que, partout où Paul parle de la récompense relative aux œuvres et concernant toute l'humanité (comme dans Romains 2.6), « on trouve la description de deux catégories de personnes, s'excluant mutuellement (Ro 2.7-10), et non la description de deux sortes d'actions (telles que "selon le bien et le mal" dans 2 Co 5.10), qui s'appliquerait à tous les hommes[10] ».

Ce n'est pas la destinée éternelle qui se joue lors de ce jugement mais la récompense éternelle (Jn 3.18 ; 5.24 ; Ro 5.8-9 ; 8.1 ; 1 Th 1.10). Ce jugement n'a pas pour visée de déterminer l'admission dans le royaume de Dieu mais la bénédiction, le statut, et l'autorité conférés en son sein. Paul ne situe pas clairement le moment de ce jugement. Est-ce à l'instant de la mort, pendant la période de transition, à moins que ce ne soit pas avant la seconde venue du Christ ? Quoi qu'il en soit, nous pouvons être sûrs qu'il interviendra après la mort (voir Hé 9.27).

Cela dit, l'évidence biblique suggère qu'il aura lieu lors de la seconde venue de Jésus (voir Mt 16.27 ; Ap 22.12), à la fin de l'Histoire humaine, très probablement lors du grand jugement final, celui qui concernera aussi tous les incroyants et qui, pour ceux qui étudient la Bible, est connu sous le nom de jugement devant le grand trône blanc (voir Ap 20.11s).

Paul met clairement l'accent sur l'*individualité* (« chacun ») lors du jugement final. Insister sur l'aspect corporatif et communautaire de notre vie en tant que corps du Christ est certes important, mais il ne fait aucun doute que chacun sera jugé individuellement, au moins en partie, sur sa fidélité et son engagement au sein du corps de Christ. « Ainsi *chacun de nous* rendra compte à Dieu pour *lui-même* » (Ro 14.12).

Ce jugement ne tiendra pas seulement compte de « ce qui frappe les yeux », nous serons également mis à nu devant Dieu. Comme Paul le dit dans 1 Corinthiens 4.5, le Seigneur « mettra en lumière ce qui est caché dans les ténèbres, et [...] manifestera les desseins des cœurs ». Murray Harris dit fort justement : « l'apparence ou l'image qu'on donne de soi ne suffiront pas mais le regard de Dieu, qui scrute et dévoile, sera le prélude nécessaire à l'obtention d'une récompense adaptée[11] ».

Chaque pensée fortuite, chaque élan vertueux, chaque prière secrète, action cachée, péché oublié depuis longtemps ou acte de compassion seront dévoilés au grand jour, pour que nous les reconnaissions et que le Seigneur puisse les juger. Cela fait réfléchir, n'est-ce pas ? Et tout cela nous sera rappelé sans aucune « condamnation pour ceux qui sont en Jésus-Christ » (Ro 8.1).

La plupart des chrétiens sont maintenant familiers avec le terme utilisé dans 2 Corinthiens 5.10 qui est traduit par « tribunal de Christ » (*bema*). L'usage de ce mot « a dû être particulièrement évocateur pour Paul et les Corinthiens, puisque c'est devant le tribunal de Gallion, à Corinthe, que Paul s'était tenu quatre ans plus tôt (en 52 apr. J.-C.) lorsque le proconsul avait rejeté l'accusation selon laquelle Paul aurait violé la loi romaine (Ac 18.12-17). Des archéologues ont identifié ce *bema* de Corinthe, du côté sud de l'*agora*[12] ».

C'est le Christ lui-même qui siégera en tant que juge, selon ce que nous lisons dans Jean 5.22, où il déclare : « Le Père ne juge personne, mais il a remis tout jugement au Fils ». Le *critère* de jugement est « ce que chaque homme aura fait de bien ou de mal, étant dans son corps » (voir 2 Co 5.10). Cette référence au « corps » indique que ce jugement concernera ce que nous aurons fait pendant notre vie et non ce que nous aurions pu faire ou ne pas faire pendant le temps de transition qui la suivra. Nous recevrons du Seigneur « ce qui nous est dû ».

En d'autres mots, et plus concrètement, nous serons jugés « conformément » ou peut-être même « proportionnellement » aux actes accomplis. Ces actes sont eux-mêmes définis comme étant « bons » (ceux qui auront été « agréables » au Christ, comme dans 2 Co 5.9) ou « mauvais » (ceux qui lui auront déplu).

Finalement, le résultat du jugement n'est pas explicitement défini mais assurément sous-entendu. Tous « recevront » ce qu'auront mérité leurs actions. Le salaire, la récompense, est implicite. Paul précise un peu cette pensée dans 1 Corinthiens 3.14-15 : « Si l'œuvre bâtie par quelqu'un sur le fondement subsiste, il recevra une récompense. Si l'œuvre de quelqu'un est consumée, il perdra sa récompense ; pour lui, il sera sauvé, mais comme au travers du feu ». La récompense n'est pas définie, mais il est probable que la perte subie sera celle de la récompense qu'aurait value l'obéissance.

Jésus parle d'une grande récompense dans les cieux mais il n'approfondit pas le sujet (Mt 5.12). Dans la parabole des talents (Mt 25 ; voir Lu 19.12-27), il fait allusion à une autorité ou une domination quelconque, mais n'en précise pas l'objet. Paul dit : « Sachant que chacun [...] recevra du Seigneur selon ce qu'il aura fait de bien » (Ép 6.8). Selon 1 Corinthiens 4.5, après le jugement, « [...] chacun recevra de Dieu la louange qui lui sera due ». Romains 8.17-18 et 2 Corinthiens 4.17-18 font tous les deux allusion à la gloire qui est réservée aux saints dans le ciel.

Nous devrions bien sûr aussi considérer les nombreuses promesses contenues dans les lettres aux sept Églises, dans Apocalypse 2–3, même s'il est difficile de déterminer si elles s'appliquent au présent, à la période de transition ou seulement au temps qui fait suite à la seconde venue du Christ. Il est également difficile de savoir si ces promesses sont réalisées à des degrés divers, selon le service et l'obéissance, ou si les bienfaits qu'elles annoncent sont distribués de façon égale entre les enfants de

Dieu (voir Ap 2.7, 10, 17, 23 ; 3.5, 12, 21 ; voir aussi Mt 18.4 ; 19.29 ; Lu 14.11 ; Ja 1.12).

Il est important de conclure par deux remarques. Premièrement, nos actions ne déterminent pas notre salut, elles le démontrent. Elles ne sont pas la racine de notre relation avec Dieu mais son fruit. Cette relation n'est possible que par la foi en Christ et en lui seul. Les bonnes œuvres, qui sont la preuve visible d'une foi invisible, seront rendues manifestes devant le tribunal du Christ.

Deuxièmement, la perspective de voir la félicité céleste gâchée par les regrets et les remords, à l'exposition et l'évaluation de nos actes, ne doit pas nous effrayer. S'il y a des larmes de remords face à des occasions manquées ou de honte à cause des péchés qu'on a commis, le Seigneur les essuiera (Ap 21.4a). La joie ineffable de la grâce rédemptrice engloutira toute tristesse, et la beauté du Christ nous rendra aveugles à tout ce qui n'est pas la splendeur de sa personne et l'œuvre de sa grâce accomplie en notre faveur.

L'ENFER ET LE CHÂTIMENT ÉTERNEL

La description la plus explicite de l'enfer et de la punition éternelle est peut-être celle qu'on trouve dans Apocalypse 14 :

Et un autre, un troisième ange les suivit, en disant d'une voix forte : Si quelqu'un adore la bête et son image, et reçoit une marque sur son front ou sur sa main, il boira, lui aussi, du vin de la fureur de Dieu, versé sans mélange dans la coupe de sa colère, et il sera tourmenté dans le feu et le soufre, devant les saints anges et devant l'Agneau. Et la fumée de leur tourment monte aux siècles des siècles ; et ils n'ont de repos ni jour ni nuit, ceux qui adorent la bête et son image, et quiconque reçoit la marque de son nom (v. 9-11).

Ce sujet est devenu un objet de polémique dans le monde évangélique. Le tourment des perdus est-il une expérience consciente et sans fin ? Ou la punition consiste-t-elle en une sorte d'annihilation par laquelle, après une période équitable de souffrance, proportionnelle aux péchés commis, l'âme cesse d'exister ? La mention de la fumée du tourment des perdus qui monte indique-t-elle l'*expérience* consciente des souffrances qu'ils endurent ? Ou décrit-elle l'*effet* irréversible et éternel d'une punition au cours de laquelle ils sont anéantis ? Ceux qui partagent le dernier point de vue arguent que ce tourment ne connaîtra de repos ni le jour ni la nuit *pendant qu'il continue*, ou *aussi longtemps qu'il dure*. Mais d'autres critères sont nécessaires pour déterminer s'il dure ou non éternellement[13].

L'espace nous manque pour pouvoir argumenter en faveur de l'une ou l'autre interprétation. Contentons-nous donc de relever qu'un grand nombre d'évidences bibliques défendent l'affirmation de notre Confession de foi d'un châtiment éternel et conscient. Nous devons, par exemple, garder à l'esprit que les mots de la famille de « détruire » et ses synonymes ont de multiples acceptions, dont certaines ne requièrent ni n'impliquent la fin de l'existence. Leur usage indique que la destruction peut ne pas s'accompagner de l'anéantissement de la vie. Et avant de conclure que le « feu » de l'enfer consume et « détruit » complètement ce qui lui est livré, ne laissant rien subsister, il nous faut reconnaître qu'il s'agit d'une métaphore. Par conséquent, ne tordons pas les mots pour leur extorquer une preuve qu'ils sont incapables de fournir concernant la durée de l'enfer.

L'enfer dans le Nouveau Testament est décrit comme un lieu où l'obscurité est totale et comme un lac de feu. Comment ces deux descriptions peuvent-elles coexister si on les comprend de façon littérale ? Nous devons donc rester prudents et ne pas tirer de conclusions doctrinales rigides à propos de la « fonction » supposée du feu de l'enfer. Néanmoins, il est difficile de ne pas se poser de questions en lisant Matthieu 18.8, qui parle de ceux qui sont jetés dans le feu éternel. Comme le dit Carson : « Si leur condition est censée prendre fin, on est sûrement en droit de se demander pourquoi le feu brûle à jamais et le ver ne meurt point (voir Mc 9.47-48)[14] ».

Notons aussi qu'il existe autant de textes où le terme *aiōn* (souvent traduit par « âge ») signifie « éternel » que de passages où il renvoie à une période de temps plus limitée. Cet argument ne fait donc pencher la balance ni d'un côté ni de l'autre dans ce débat. Soyons également attentifs à ne pas nous baser sur nos sentiments pour déterminer ce que nous, humains limités, considérons être la juste rétribution de l'énormité de nos péchés. Carson demande avec raison si l'ampleur de notre péché est définie selon nos propres critères « ou à la mesure de l'offense faite au Dieu souverain et transcendant[15] ». D'après Piper, il est essentiel de considérer que « la mesure de reproches n'est pas faite en fonction de la durée de l'offense, mais en fonction de la dignité de la personne offensée[16] ». Notre péché mérite un châtiment infini, à cause de la gloire infinie de celui que nous avons offensé.

Suggérer, comme le font certains, que les souffrances éternelles signifieraient que Dieu n'a pas remporté une victoire définitive sur le péché et le mal, c'est nier que seul le péché resté *impuni* indiquerait un manque de justice et la défaite du dessein de Dieu. La continuité de l'existence de l'enfer et de ses occupants témoignerait plus volontiers de la gloire de la sainteté de Dieu, et de sa juste opposition au mal, que ne le ferait un quelconque dualisme cosmologique.

L'idée d'une punition sans fin est peut-être moins choquante si l'on considère celle d'une pratique du péché sans fin. Si les occupants de l'enfer ne cessent pas de pécher, pourquoi cesseraient-ils de souffrir[17] ? En admettant que les gens payent entièrement leurs fautes en enfer et, qu'à un moment donné, ils cessent de pécher, pourquoi alors ne pourraient-ils pas intégrer le ciel (faisant ainsi de l'enfer un purgatoire) ? Par contre, si leurs péchés ne sont *pas* entièrement expiés en enfer, sur quelle base justifierait-on alors leur anéantissement ?

Enfin, il faudrait expliquer Matthieu 25.46 et Apocalypse 20.10-15. En dépit de ce qu'on peut penser de l'identité de la bête et du faux prophète, aucun chrétien évangélique ne niera que Satan est une créature, à la fois douée de raison et capable d'éprouver des sentiments et des sensations. Voilà donc au moins une « personne » qui subit clairement un tourment éternel et conscient. « Peut-être n'avons-nous pas une aussi grande sympathie à son égard qu'à l'égard de nos camarades humains, et peut-être insisterons-nous avec force sur le fait qu'il est pire qu'aucune autre créature humaine. Il est pourtant difficile de voir comment les objections faites à l'encontre de la notion de souffrance éternelle et consciente, envers des créatures humaines pécheresses, seraient moins convaincantes quand on parle du diable[18] ».

LE PARADIS SUR LA TERRE

L'espérance eschatologique du chrétien est inévitablement de nature terrestre. Le but ultime de Dieu, dans la rédemption de son peuple, a toujours été de restaurer l'ordre naturel de la création. Comme on l'a vu plus haut, le « royaume de Dieu » concerne d'abord le règne ou la domination de Dieu sur son peuple. Croire au royaume et le recevoir revient donc à se soumettre au joug de la souveraineté de Dieu.

D'un autre côté, le règne de Dieu se manifeste et est instauré à un moment et dans un contexte précis de l'Histoire. C'est pourquoi il n'est pas possible d'évoquer le royaume de Dieu de manière significative sans tenir compte de la promesse du pays donné au départ aux patriarches[19].

Certains prétendent que le pays n'était qu'une allégorie, un avant-goût prophétique des bénédictions célestes et spirituelles destinées à s'accomplir soit maintenant dans l'Église, soit dans les temps à venir. Il n'a donc jamais été question d'entrer en possession du Canaan terrestre, comme s'il s'agissait d'un héritage éternel, mais de le considérer comme une représentation d'une bénédiction future, de nature céleste et spirituelle.

Mais, comme Ladd nous le rappelle si utilement : « La notion biblique de la rédemption inclut toujours la terre[20] ». De nombreux chrétiens évangéliques envisagent l'accomplissement de la dimension terrestre du royaume de Dieu lors d'un règne intermédiaire de mille ans, postérieur à la seconde venue du Christ mais antérieur à l'instauration du règne éternel (Ap 20.1-10). C'est au moment et dans le cadre de ce millénium (du moins initialement) que les promesses de l'Ancien Testament concernant le règne de Dieu parmi son peuple verront leur accomplissement. C'est ainsi que le royaume du Christ sera manifesté dans l'Histoire, en témoignage de sa victoire finale sur les puissances du péché et des ténèbres.

D'autres croient que les promesses prophétiques de l'Ancien Testament, qui font état du règne de Dieu parmi son peuple, s'accompliront sur la nouvelle terre qui marquera le début de l'âge éternel. Selon ce point de vue, la promesse de l'Ancien Testament d'un règne messianique, parmi le peuple de Dieu et dans le pays même, s'accomplira littéralement. En revanche, cet accomplissement aura lieu sur la nouvelle terre décrite dans Apocalypse 21–22 et non sur la terre actuelle, souillée par le péché.

Le principal texte de l'Ancien Testament qui parle des nouveaux cieux et de la nouvelle terre se trouve dans Ésaïe 65.17-25 (voir aussi 66.22). Il est important de noter que ce texte pose problème quelle que soit l'interprétation eschatologique que l'on fasse valoir, pré-millénariste, post-millénariste ou amillénariste. La difficulté à surmonter se trouve dans les versets 20 et 23 : dans le nouveau ciel et sur la nouvelle terre, il n'y aura plus « ni enfants ni vieillards qui n'accomplissent leurs jours ; car celui qui mourra à cent ans sera jeune, et le pécheur âgé de cent ans sera maudit » (v. 20). Le verset 23 semble suggérer que durant cette période, des enfants naîtront. Si Ésaïe décrit les conditions de vie qui prévaudront durant l'éternité, et sa référence aux nouveaux cieux et à la nouvelle terre semble indiquer que c'est le cas, alors tous les chrétiens, et pas seulement ceux relevant d'un point de vue eschatologique particulier, doivent fournir une explication de cette description de l'expérience encore bien incomplète du peuple de Dieu.

Pour comprendre cette problématique, il peut être intéressant de relever une certaine manière d'aborder l'interprétation de la parole prophétique :

> La prophétie est habituellement formulée en fonction des capacités de compréhension limitées des personnes auxquelles elle est adressée. En d'autres mots, le langage de la prophétie est conditionné par le contexte historique et culturel dans lequel ont grandi le prophète et le peuple interpellé. [...] [Ainsi,] le royaume futur est perçu comme une extension et une glorification de la théocratie, représentation la plus courante des conditions de vie sous le règne de David et de Salomon. La perspective du futur est par conséquent dépeinte à la manière d'*un passé idéal*, tout à la fois familier et agréable pour les contemporains du prophète. On a appelé ce phénomène « eschatologie de la récapitulation ». Le futur y est dépeint comme le rappel ou la répétition de la gloire passée du royaume[21].

Garlington est d'avis que les auteurs de l'Ancien Testament peuvent, occasionnellement, parler du futur à l'aide de mots, d'images et de concepts empruntés au contexte social et culturel qui leur était familier ainsi qu'à leurs contemporains. Ils ne sont pas pleinement en mesure de saisir comment leurs paroles se réaliseront, que ce soit dans un lointain futur ou dans un monde nouveau, transformé par la venue du Christ. Ils habillent donc le projet eschatologique de Dieu, ainsi que la gloire des nouveaux cieux et de la nouvelle terre, avec les croyances, craintes et espoirs de ceux à qui ils ont été communiqués à l'origine. Ainsi, lorsque les prophètes parlent de l'avenir, ils peuvent choisir d'employer des mots et des réalités inhérentes à leur propre expérience, passée et présente, tels que le pays, la loi, la ville de Jérusalem, le temple, le système sacrificiel et la prêtrise[22].

Sachons aussi que l'accomplissement de telles prophéties, adaptées aux réalités contemporaines des premiers auditeurs concernés, allait souvent au-delà du message délivré et dépassait leur compréhension. Il existe souvent un élément de montée en puissance ou d'intensification dans l'accomplissement de chaque promesse particulière.

Ainsi, pour communiquer la réalité de la gloire future des nouveaux cieux et de la nouvelle terre à des gens nécessairement limités dans leur compréhension de la révélation à ce moment précis, l'auteur de la prophétie pouvait, par exemple, se servir d'une hyperbole ou user d'expressions démesurées dépeignant un *présent idéalisé*[23]. On peut très bien imaginer l'effet produit sur les premiers auditeurs d'Ésaïe quand il leur parle d'un avenir où une personne mourant à cent ans est encore considérée comme un enfant, à un âge où, à leur époque, les angoisses bien connues de l'enfantement appartiennent au passé.

Le Nouveau Testament développe largement le sujet des nouveaux cieux et de la nouvelle terre, en tant que point central de la restauration divine finale de toutes choses. Hébreux 11 d'abord et Apocalypse 21–22 ensuite en parlent le plus clairement. Dans le premier texte, quand Abraham arrive finalement au pays de la promesse, il ne fait qu'y séjourner en tant qu'étranger et voyageur, « comme dans une terre étrangère » (Hé 11.9, 13). À la question de savoir comment il a pu recevoir le pays en héritage, alors qu'il n'avait aucun droit de possession, le texte répond rapidement : « Car il attendait la cité qui a de solides fondements, celle dont Dieu est l'architecte et le constructeur ».

C'est la cité que Dieu nous a préparée (Hé 11.16). On la retrouve dans Hébreux 12.22, sous l'appellation de « la cité du Dieu vivant, la Jérusalem céleste ». Plus loin, au chapitre 13 verset 14, il est dit : « Car nous n'avons point ici-bas [c'est-à-dire sur cette terre] de cité permanente, mais nous cherchons celle qui est à venir ». Cela se rapporte sans aucun doute à la Jérusalem céleste dont il est question dans Hébreux 12.22, la cité qui a de solides fondements (Hé 11.10).

Notons également ce que dit Apocalypse 21.1-2, où Jean vit « descendre du ciel, d'auprès de Dieu, la ville sainte, la nouvelle Jérusalem » (voir 21.9-11). Si Abraham était étranger et voyageur en Canaan, c'est qu'il percevait ce territoire terrestre comme la représentation d'une terre ou d'une patrie céleste plus considérable. Le message central de l'Ancien Testament portait assurément sur la promesse d'un pays, mais d'un pays céleste (ou « patrie », Hé 11.13-16) appartenant à la nouvelle terre, caractérisée par la présence centrale de la nouvelle Jérusalem.

Abraham, à qui la terre fut promise initialement, a donc anticipé l'achèvement ultime de celle-là et sa finalisation éternelle dans la Jérusalem céleste. Abraham hérite non seulement de Canaan, mais aussi du monde entier (Ro 4.13). Effectivement, selon Hébreux 11.9-10, puisque Abraham attendait une bénédiction permanente et parfaite dans la cité céleste, il a pu supporter patiemment les désagréments et les déceptions qui ont jalonné son parcours en Canaan.

Cette pensée est encore confirmée dans Hébreux 11.13-16. Les patriarches eux-mêmes reconnaissent « qu'ils étaient étrangers et voyageurs sur la terre » (v. 13). Ils sont morts sans avoir vu les promesses se réaliser. Ils ne les ont vues que de loin. Leur espoir suprême ne visait pas un quelconque héritage terrestre mais, comme l'indique le verset 16, « une meilleure [patrie], c'est-à-dire une patrie céleste ».

Apocalypse 21–22 nous dévoile la magnificence de la vie dans les nouveaux cieux et sur la nouvelle terre à l'aide d'images encore plus éclatantes. Nous nous contenterons de faire un bref résumé de notre glorieuse destinée éternelle dans la présence de Dieu.

La relation entre l'actuelle et la nouvelle terre est faite aussi bien de continuité que de rupture, comme c'est le cas pour notre corps actuel corruptible et le futur, incorruptible et glorieux. Dans le ciel, nous serons les mêmes qu'aujourd'hui, quoique transformés. Cependant, les cieux et la terre à venir seront également « nouveaux » (*kainos*). Ce mot définit typologiquement une nouvelle qualité, et non une durée.

Dans la nouvelle création, l'absence de mer est un des éléments de rupture. La mer symbolise généralement le mal, le chaos et les puissances hostiles au royaume, que Yahvé doit combattre (voir Job 26.7-13 ; És 17.12-13 ; 51.9-10 ; 27.1 ; 57.20 ; Jé 46.7-12 ; Ap 17.8 ; 21.1). Comme l'a écrit Ladd, dans l'antiquité la mer « symbolisait le domaine des ténèbres, du mystère, et de la perfidie » (voir Ps 107.25-28 ; Éz 28.8 ; Da 7.3s[24]). En mentionnant cette absence, Jean nous dit que la nouvelle création sera exempte de tout mal, de toute corruption, de toute incrédulité et de toute obscurité.

La plénitude de la présence de Dieu parmi son peuple impose que toute forme de souffrance liée à l'ancienne création soit bannie. À jamais disparus, les effets débilitants du péché (Ap 21.3-4). Disparues, les larmes causées par le chagrin, la douleur et l'échec moral (c'est l'accomplissement d'Ésaïe 25.8). Disparue, la mort car sa cause, le péché, a été éradiquée. Disparus, le deuil, les pleurs et la douleur. Toutes ces expériences sont liées aux « premières choses » qui ont maintenant « disparu ».

Apocalypse 21.10 nous dit que la nouvelle Jérusalem possède « la gloire de Dieu ». Dans l'Ancien Testament, la gloire de Dieu résidait et se manifestait dans une construction, le temple. Dans la nouvelle création, Dieu résidera dans et parmi son peuple. L'absence de « nuit » (Ap 21.25*b*) évoque aussi bien l'accès sans entraves à la présence rayonnante de Dieu que l'absence d'obscurité voilant l'éclat de la splendeur divine. En fait, selon Apocalypse 22.5, l'absence d'obscurité sera due au rayonnement permanent qui émanera de Dieu lui-même.

Apocalypse 22.1 nous donne le premier de plusieurs exemples, que Jean utilise pour relier la fin de l'Histoire avec son commencement. La restauration finale reprend les caractéristiques du commencement des temps. La fin n'est nullement un *retour* au commencement, « mais les circonstances dans lesquelles s'est produite la genèse de l'univers constituent un enseignement prophétique sur le plan de Dieu pour l'Histoire. Quoi qu'il en soit, et à tous égards, la réalité dernière surpasse celle des débuts, d'une façon démesurée, comme on peut le constater dans ce passage[25] ». Si Genèse 3 nous fait le récit du paradis perdu, Apocalypse 22 nous relate celui du paradis retrouvé. Le paradis (sur terre) n'est que l'achèvement glorieux du dessein originel de Dieu concernant le jardin d'Éden.

Et que ferons-nous au ciel ? Nous servirons Dieu (Ap 22.3). Nous verrons Dieu (v. 3 ; voir Ex 33.20 ; Mt 5.8 ; Jn 17.24 ; 1 Ti 6.16 ; 1 Jn 3.1-3). Nous jouirons d'une profonde communion avec lui (Ap 22.4b). Nous expérimenterons sa présence fascinante (v. 5a ; voir aussi No 6.24-26). Nous régnerons à tout jamais (Ap 22.5b).

CONCLUSION

Ce que les chrétiens entendent habituellement par « ciel » est, nous l'avons vu, la vie éternelle dans la présence de Dieu sur la nouvelle terre. Notre Confession de foi dit clairement que c'est là que « Dieu sera tout en tous, et son peuple sera en extase en présence de son ineffable sainteté ; tout sera alors à la louange de sa grâce glorieuse ». Aucune conclusion ne serait meilleure que ces mots de Jonathan Edwards :

> S'il y a une chose que nous pouvons apprendre sur la nature du ciel tel que nous le décrit la Bible, c'est que les saints y éprouveront un amour et une joie extrêmement grands et puissants ; leur cœur sera saisi de manière intense et vive d'une douceur inexprimable, d'un flot puissant qui les envahira et les étreindra, les embrasant entièrement. Et si un tel amour et une telle joie ne peuvent être qualifiés d'affections, alors le mot « affection » n'a pas sa place dans le vocabulaire. Oserait-on affirmer que les saints du paradis, en contemplant la face de leur Père, la

gloire de leur Sauveur et ses œuvres magnifiques, tout particulièrement le fait qu'il ait donné sa vie pour eux, n'auraient pas le cœur touché et remué par tout ce qu'ils contemplent ou considèrent[26] ?

NOTES

1. N. T. Wright, *Jesus and the Victory of God* (Minneapolis : Fortress Press, 1996), p. 204.
2. Ibid., p. 223.
3. George Eldon Ladd, *The Presence of the Future* (Grand Rapids, MI : Eerdmans, 1974), p. 139.
4. Ibid., p. 151.
5. Ibid., p. 165.
6. Ibid., p. 227-29.
7. George Eldon Ladd, *Crucial Questions about the Kingdom of God* (Grand Rapids, MI : Eerdmans, 1952), p. 131-32.
8. Il y a deux raisons à cela. Premièrement, « l'édifice » ou « la demeure éternelle » dans le v. 1b est mis en parallèle avec « cette tente, où nous habitons » dans le v. 1a. Puisque cette dernière description se réfère à notre corps terrestre, non glorieux, il semble raisonnable de conclure que les expressions précédentes concernent notre corps céleste et glorieux. Deuxièmement, la description du v. 1b (« pas été faite de mains d'homme », « éternelle », et « dans le ciel ») est plus appropriée au corps glorifié (voir tout particulièrement 1 Co 15.35-49). Paul veut mettre l'accent sur le fait que notre corps céleste est indestructible, non sujet à la décadence, à la corruption ou à la dissolution.
9. Philip Edgcumbe Hughes, *Paul's Second Epistle to the Corinthians* (Grand Rapids, MI : Eerdmans, 1973), p. 174.
10. Murray Harris, *The Second Epistle to the Corinthians* (Grand Rapids, MI : Eerdmans, 2005), p. 406.
11. Ibid., p. 405.
12. Ibid., p. 406.
13. Le livre de D. A. Carson, *The Gagging of God* (Grand Rapids, MI : Zondervan, 1996), p. 515-36, donne un court mais utile précis sur cette question.
14. Ibid., p. 525.
15. Ibid., p. 534.
16. John Piper, *Let the Nations Be glad! The Supremacy of God in Missions*, 2e éd., revue et étendue (Grand Rapids, MI : Baker Academic, 2003), p. 122.

17. Voir Ap 22.10-11. À propos de ce verset, voici le commentaire de Carson : « Si le Saint et ceux qui pratiquent le bien continuent à être saints et à faire le bien, *dans la perspective de la sainteté et de la justice parfaites qui seront vécues et pratiquées pendant toute l'éternité*, ne devrions-nous pas en conclure que les méchants persévéreront dans la méchanceté, *dans la perspective de la vilenie qu'ils poursuivront et pratiqueront pendant toute l'éternité* ? » (*The Gagging of God*, p. 533) ; accentué dans la version originale.

18. Ibid., p. 527.

19. Voir la promesse faite à Abraham (Ge 12.1-3 ; 13.14-17 ; 15.7 ; 17.8), puis ensuite à Isaac (Ge 26.1-5), Jacob (Ge 28.13-14 ; 35.12), et Moïse (Ex 6.4, 8 ; 13.5-11 ; 32.13 ; 33.1 ; No 10.29 ; voir No 11.12 ; 14.23 ; 32.11 ; De 12.8-11).

20. Ladd, *The Presence of the Future*, p. 59. Dans cette optique, voir tout spécialement Mt 5.5 et Ap 5.10.

21. Donald Garlington, « Reigning with Christ: Revelation 20.1-6 and the Question of the Millennium », dans le *Reformation and Revival Journal*, vol. 6, n° 2 (1997) : p. 61 ; accentué dans l'original.

22. C'est ce qu'affirme Christopher Wright dans son article intitulé : « A Christian Approach to Old Testament Prophety Concerning Israel », dans *Jerusalem Past and Present in the Purposes of God*, ed. P. W. L. Walker (Cambridge : Cambridge University Press, 1992).

23. G. K. Beale nous rappelle très justement que « La progression de la révélation dévoile des significations élargies de textes bibliques antérieurs, et les auteurs bibliques qui suivent interprètent les écrits canoniques précédents, de manière à amplifier les textes existants. Ces interprétations plus tardives peuvent faire apparaître un sens qui échappait aux auteurs précédents mais qui ne contredit nullement l'intention initiale qui les sous-tendait ; ils s'y "surajoutent". C'est dire que la signification originelle est "lourde" de sens et que leurs auteurs n'avaient probablement pas une connaissance exhaustive (comme Dieu pouvait l'avoir) de la pleine mesure de leur contenu. À cet égard, l'accomplissement "étoffait" souvent la prophétie de détails, dont même le prophète n'était pas toujours pleinement conscient » (*The Temple*

and the Church's Mission: A Biblical Theology of the Dwelling Place of God [Downers Grove, IL: InterVarsity, 2004], p. 381).

24. George Eldon Ladd, *A Commentary on the Revelation of John* (Grand Rapids, MI : Eerdmans, 1972), p. 276.

25. G. R. Beasley-Murray, *The Book of Revelation* (Greenwood, SC : Attic Press, 1974), p. 330.

26. Jonathan Edwards, *Religious Affections*, The Works of Jonathan Edwards, ed. John E. Smith (New Haven, CT : Yale University Press, 1969), 2:114.

La *Gospel Coalition*

Nous constituons un groupement de pasteurs et de responsables chrétiens profondément décidés à renouveler leur foi dans l'Évangile du Christ et à repenser leurs pratiques et leurs ministères pour les conformer entièrement aux Écritures. Nous sommes fortement préoccupés par certains mouvements issus du milieu évangélique traditionnel qui semblent actuellement relativiser la vie de l'Église et nous éloigner de nos croyances et pratiques historiques : d'une part, ces mouvements cautionnent la politisation de la foi et l'idolâtrie que constitue le consumérisme individuel ; d'autre part, on y tolère tacitement le relativisme théologique et moral. Ces dérives ont abouti à l'abandon de la vérité biblique et du style de vie transformé qui sont le reflet de notre foi historique. Non seulement nous entendons parler de ces courants, mais nous en constatons les effets sur le mouvement évangélique. Nous nous sommes donc engagés, par ces documents fondateurs, à insuffler à nos Églises un nouvel espoir et une joie contagieuse, basés sur les promesses reçues par la grâce seule, au moyen de la foi seule, en Christ seul.

Nous croyons qu'il existe au sein de nombreuses Églises évangéliques un consensus profond et largement partagé sur les vérités de l'Évangile. Nous constatons pourtant que dans nombre d'Églises la célébration de notre union avec le Christ est remplacée par l'attrait séculaire du pouvoir et de la richesse, ou par un repli quasi monastique dans l'attachement aux rites, à la liturgie ou aux sacrements. Or, ce qui tend à remplacer l'Évangile dans les Églises ne favorisera jamais une foi ardente centrée sur la mission, solidement ancrée dans la vérité, manifestée par une vie de disciple sans complexes ; une foi qui endure les épreuves et les sacrifices liés à la vocation et au ministère. Nous désirons avancer sur la Voie royale, visant constamment à apporter réconfort, encouragement et enseignement aux responsables de l'Église d'aujourd'hui et de demain afin qu'ils soient mieux équipés pour nourrir leurs ministères de principes et de pratiques qui glorifient le Sauveur et procurent du bien à ceux pour lesquels il a versé son sang.

Nous voulons susciter un élan unificateur parmi tous les peuples, un zèle pour honorer le Christ et multiplier le nombre de ses disciples, les rassemblant autour de Jésus au sein d'une authentique coalition. Une telle mission, fondée sur la Bible et centrée sur la personne de Christ, est le seul avenir viable pour l'Église. Cette conviction nous incite à nous joindre à tous ceux qui sont persuadés que la miséricorde de Dieu en Jésus-Christ est notre unique espoir de salut éternel. Nous désirons défendre cet Évangile avec clarté, compassion, courage et joie, unissant joyeusement notre c ur à celui des autres croyants par-delà les barrières confessionnelles, ethniques et sociales.

Notre désir est de servir l'Église que nous aimons en invitant tous nos frères et s urs à se joindre à nous dans cet effort pour refonder l'Église contemporaine sur l'Évangile historique de Jésus-Christ, de sorte que notre vie et nos discours soient pleinement authentiques et intelligibles pour les gens de notre époque. En tant que pasteurs, nous avons l'intention de le faire par les moyens de grâce habituels que sont la prière, le ministère de la

Parole, le baptême et la Cène, et la communion des saints. Nous désirons ardemment travailler avec tous ceux qui, non seulement acceptent notre confession de foi et notre vision, mais également soumettent l'ensemble de leur vie à la seigneurie du Christ, avec une confiance inébranlable dans la puissance de l'Esprit pour transformer les personnes, les peuples et les cultures.

Index des brochures de la Gospel Coalition